EMILE ACOLLAS

LES

CONTRATS

LES CONTRATS

ET

LES OBLIGATIONS CONTRACTUELLES

IMP. GEORGES JACOB, — ORLÉANS.

LES CONTRATS

ET

LES OBLIGATIONS CONTRACTUELLES

PAR

Le Professeur **ÉMILE ACOLLAS**

Pour le vrai,
Pourl ¿bien.

PARIS

LIBRAIRIE CH. DELAGRAVE

15, RUE SOUFFLOT, 15

1885

LE DROIT

MIS A LA PORTÉE

DE TOUT LE MONDE

Pour le vrai,
Pour le bien.

LES CONTRATS ET LES OBLIGATIONS CONTRACTUELLES

Idées générales.

Les conventions, pour chacun de nous, se rencontrent dans tous les rapports sociaux; elles sont de tous les instants, et il n'est pas exagéré de dire que nous en vivons autant que du pain de l'esprit et du pain du corps. Aussi, pour être placée en entier sous la règle de l'Idée du Juste, la matière n'en va-t-elle pas moins bien au delà des limites du Droit technique, car il est, dans nos sociétés, nombre de conventions qui ne peuvent se prêter qu'à la sanction morale, à la sanction de la conscience, et il faut ajouter que, parmi celles mêmes qui relèveraient du Droit, plus d'une, pour des raisons de preuve et de fait, lui échappe.

Pour que d'abord une convention relève du Droit, il est évidemment indispensable qu'elle remplisse les conditions que réclame le Droit ; or, à le prendre au sens le plus positif, le Droit est la science des cas où il peut naître une action en justice et où l'on peut contraindre son adversaire, au besoin, par la force publique ; la convention, pour rentrer dans le champ du Droit, doit donc répondre à ces possibilités d'action et de contrainte, ce qui, selon l'enseignement reçu, n'existe, en général, que tout autant que la convention présente un intérêt pécuniairement appréciable. Et c'est donc, en définitive, à cette condition seule qu'une convention est sujette du Droit et prend titre de contrat.

Mais c'est trop peu encore que le contrat existe, pour que le Droit et son action et sa contrainte puissent le saisir ; il faut rendre le fait certain aux yeux du juge ; il faut prouver au juge l'existence de la convention ; il faut lui prouver l'intérêt appréciable en argent ; or, combien de contrats se forment chaque jour au courant des besoins et dont on ne conserve aucune trace ! Combien d'engagements dont la violation ou grave ou légère cause un dommage réel à celui envers qui on les a pris, lequel cependant n'en serait pas moins fort embarrassé d'établir ce dommage, et surtout d'en faire apprécier l'étendue !

Et puis, est-ce que la vie des individus ne s'y absorberait pas, si, dans ces cas multiples, chacun n'avait de ressource que le recours aux voies judiciaires !

Ainsi arrive-t-on à voir à quel point, même dans

l'espace restreint où il se meut, le Droit, réduit à ses seules forces, serait impuissant, à quel point il a besoin que, même sur son propre terrain, la conscience et le sentiment du devoir lui viennent en aide.

Mais ce n'est là qu'une partie du rôle qui soit réservé à la sanction morale ; il ne suffit pas que cette sanction soit appelée à suppléer le Droit dans tous les cas où des impossibilités de fait en empêchent l'intervention ; en dehors du domaine du Droit technique, elle a son domaine à elle, et, dans celui-là, sont placées toutes les conventions qui touchent à nos intérêts les plus hauts, à nos affections les plus intimes, questions d'honneur, questions de cœur, dominant de toute leur supériorité la sanction du Droit.

Aussi jamais, mieux qu'en cette matière, n'apparut-il qu'en même temps qu'elle le soutient, la conscience complète et achève le Droit.

Et, comme les conventions constituent pour nous tous, dans la vie sociale, un intérêt permanent et majeur, comme il n'est pas un seul d'entre nous qui ne fût exposé aux pires risques, s'il ne pouvait compter sur le fidèle accomplissement de l'accord qu'il a fait avec les autres, quel enseignement final ressort-il, sinon qu'il faut inscrire au premier rang des besoins comme des devoirs sociaux le respect de la parole donnée, le respect des engagements pris, la rigoureuse et scrupuleuse observation des conventions ?

Tant valent les individus et les peuples, tant vaudraient pour eux ces principes !

Maintenant, insistons sur le contrat.

Comme la convention, en général, le contrat est

essentiellement un acte libre de la volonté des individus ; où la liberté n'est pas, ni la volonté, ni le consentement ne sauraient être, ni, par conséquent, le contrat.

Mais, cette liberté, comment l'entendre ? De toute évidence, selon la réalité et la relativité des faits humains et sociaux. Nul doute, par exemple, que la liberté n'existe pas au même degré entre deux hommes d'une intelligence ou d'un savoir fort inégal, car il va de soi que le plus éclairé est bien plus apte à trouver des motifs de détermination et à choisir entre ces motifs que ne l'est l'autre. Tout aussi peu la liberté est-elle la même entre le riche et le pauvre, qui débattent ensemble un contrat. Le premier, bien souvent, n'a qu'à dicter sa volonté au second qui n'a qu'à la subir.

Serait-il possible, en commençant par admettre cette grosse et funeste hérésie, l'omnipotence du législateur, de faire intervenir la loi dans la formation des contrats, et de lui faire prendre en mains, entre majeurs, la cause du plus faible contre le plus fort ? Autant vaudrait demander s'il serait possible, pour chaque contrat, de distinguer entre le plus faible et le plus fort, et d'ajouter, pour chaque cas, à la liberté du plus faible ce dont la surpasse la liberté du plus fort !

Laissons donc de côté la pensée de guérir l'infirmité inhérente à tous les contrats ; les hommes diffèrent entre eux, ils diffèrent de nature, ils diffèrent de condition, et par là l'on aperçoit où est situé le problème.

Mais, par là aussi, il est facile de voir que n'admît-on l'intervention de la loi dans les rapports contractuels que pour une seule cause d'inégalité et la restreignît-on à un seul genre de contrats, le caractère de cette intervention, bien loin d'en être changé, s'en trouverait, au contraire, par un côté, aggravé, la loi choisissant entre les causes d'inégalité et les genres de contrats, c'est-à-dire venant ajouter l'illogisme à un arbitraire plus grand encore.

Donc, finalement, ce qu'il faut entendre par la liberté du contrat, ce sont les conditions du débat au sujet du contrat, telles que les posent ou les imposent, en général, les faits. Que l'on agisse sur ces faits, que l'on organise de plus en plus le milieu social d'après une idée et une règle de justice, qu'on en fasse disparaître les inégalités factices et qu'on y atténue celles qui n'y peuvent être qu'atténuées, que les progrès de la conscience corrigent de plus en plus les iniquités fatales de la nature, et, dès lors, que l'on relie de plus en plus les individus les uns aux autres par la compréhension de la solidarité, qu'on les relie par l'amour, tel est l'unique remède ; et vers quel but, plus digne de nos esprits et de nos cœurs, pourraient être dirigés nos efforts ? Mais la pire illusion serait de s'imaginer qu'une volonté arbitraire peut mettre l'égalité là où elle n'est pas, et que, pour les individus majeurs, il existe, en définitive, un autre régime admissible que celui de la liberté, même avec ses imperfections et avec ses périls.

Indications historiques.

Aux débuts de toutes les sociétés, les hommes n'ont, ce semble, connu que l'acte juridique entièrement accompli, l'échange consommé; chacun ayant donné et ayant reçu n'avait plus rien à démêler avec l'autre; là se trouvait la limite du droit. Quant à la notion du contrat et de l'obligation qui en dérive, ce n'est que bien lentement, et après avoir fourni bien des étapes, qu'elle a pénétré dans l'intelligence des hommes.

D'abord le contrat, le concours des volontés liant et obligeant, commença par avoir pour base le même acte entièrement accompli qu'à l'origine; puis, lorsqu'on l'en eut séparé, on l'entoura de formes, de symboles, et ce qui liait, c'étaient ces formes et ces symboles.

Que de siècles écoulés avant que vînt à éclore l'idée morale de la volonté suffisant à obliger l'homme, l'obligeant parce qu'il a promis!

Aucune société, mieux que la romaine, n'offre le spectacle de la curieuse évolution de cette partie de l'idée du Droit. Rome y ajouta en plus les propres inspirations de son aristocratique génie; aussi, bien que ses légistes, ses Prudents, aient ensuite imaginé une foule de biais et d'expédients pour échapper à la barbarie ancienne, ils ne parvinrent jamais, quoi qu'on en ait dit, à faire de la théorie romaine des contrats une doctrine de raison et de justice.

Chez nous, pour que le contrat, la vente en particulier, existât aux yeux de la loi, il fallut longtemps, ou l'accomplissement d'une certaine formalité extérieure, par exemple, la remise à titre de symbole d'une chose sans valeur, ou l'exécution complète d'abord, plus tard partielle, de l'obligation de l'une des parties, ou enfin la rédaction d'un écrit.

Cependant notre vieux Droit coutumier arriva à en-

trevoir le principe de la liberté des contrats, et Loysel, qui vers la fin du seizième siècle le résuma, en rapporte cet adage caractéristique : « On lie les bœufs par les cornes et les hommes par les paroles ; autant vaut une simple parole ou convenance que la stipulation du Droit romain. »

Sous l'influence des doctrines économiques du dix-huitième siècle, le principe de la liberté des contrats a définitivement pris une assiette scientifique ; on s'est rendu compte du lien intime qui rattache ce principe, dans une de ses applications les plus considérables, à celui de la liberté du travail ; il suffit, selon nos idées, que, dans le contrat, la volonté de l'individu soit constante, ce qui est une pure question de preuve, et nous n'avons rien tant à cœur que de lui ménager le champ le plus vaste pour qu'elle s'accorde librement, sous une règle de justice, avec la volonté des autres (1).

Code civil.

(Articles 1101-1369.)

NOTIONS PRÉLIMINAIRES.

S'il est, dans le langage commun, un terme dont le sens n'échappe à personne, c'est bien le mot *convention*,

---

(1) Pour peu, néanmoins, que l'on examine de près nos mœurs, il ne serait pas difficile d'y retrouver des traces de l'ancienne barbarie ; il y a des consciences embryonnaires pour lesquelles un contrat n'est un contrat que tout autant qu'il est écrit.

Et puis le Code civil lui-même ne consacre-t-il pas l'exiset il n'est non plus personne qui, en y réfléchissant, n'arrive aisément à comprendre que la convention est un *accord*, un *concours de deux ou d'un plus grand nombre de volontés* sur une même chose (1).

tence de contrats dits *solennels*, qui ne sont valables que tout autant qu'ils ont été faits dans la forme que la loi détermine! (V. plus bas, p. 26.)

(1) En dehors du contrat, il existe, d'après le Code civil, quatre sources d'obligations qui sont : le quasi-contrat, le délit civil, le quasi-délit, la loi.

La définition du quasi-contrat laisse dans le Code beaucoup à désirer. Quant aux auteurs, ils disent que le quasi-contrat est un fait licite et volontaire de la part d'une partie seulement, en tant que ce fait est de nature à produire des obligations. Ainsi, je suis absent, et vous vous immiscez, par office d'amitié, dans l'administration de mes biens ; vous faites, à cet effet, certaines impenses (dépenses) qui me sont utiles ; je dois vous en rembourser le montant ; je suis obligé envers vous, en vertu du quasi-contrat de gestion d'affaires.

De même, ajoute-t-on, vous payez en mes mains le montant d'une dette qui n'existe pas ou bien même qui existe, mais au profit d'un autre que moi, ou même, vous croyant mon débiteur et ne l'étant pas, vous payez en mes mains le montant d'une dette qui existe réellement à mon profit ; dans ces trois cas, il y a ce qu'on nomme le paiement de l'indû, et, moi qui ai reçu l'indû, je suis tenu de le rendre, en vertu du quasi-contrat du paiement de l'indû.

Le délit civil, qu'il ne faut pas confondre avec le délit criminel, est tout fait illicite, intentionnel et dommageable à autrui.

Le délit criminel est tout fait prévu et puni par la loi.

Très fréquemment, le délit criminel contient un délit civil, lequel engendre alors une obligation de dommages-intérêts au profit de la victime du délit criminel.

Du reste, il existe des délits purement civils, certains cas de dol, par exemple.

Qu'à cette notion l'on ajoute celle d'une intervention de la loi pour sanctionner l'accord, le concours des volontés, et une nouvelle notion se dégagera ; comme nous l'avons déjà marqué, la *convention* sera devenue un *contrat* (1).

Le quasi-délit est tout fait illicite, non intentionnel et dommageable à autrui.

Enfin, le Code civil indique la loi comme cause directe de certaines obligations, par exemple : Les obligations qui existent entre propriétaires voisins ; les obligations dont sont tenus les tuteurs et administrateurs quand ils ne peuvent pas refuser la fonction qui leur est confiée.

En allant au fond des choses, on verrait que la loi, ici comme ailleurs, ne fait qu'enregistrer une nécessité de justice, laquelle est la vraie cause de l'obligation que le Code rapporte à la loi.

Nous ne rappellerons jamais assez que c'est toujours cette nécessité de justice qui doit inspirer et dominer la loi.

(1) Il faut bien se garder de confondre le contrat, qui est une chose de pure conception, avec l'écrit, l'*instrument*, qui, très souvent, sert à le constater.

En pratique, on dit couramment : *mon contrat*, pour indiquer l'écrit qui constate le contrat ; il importe au plus haut degré, pour l'entente de la théorie, de ne pas confondre les deux choses.

Le Code civil identifie le mot *convention* au mot *contrat* ; certains auteurs enseignent, de leur côté, que le *contrat* ne se rapporte ni à la modification, ni à l'extinction des obligations, et que c'est la *convention* seule qui est apte à *modifier* ou à *anéantir*, en même temps qu'à *produire* l'obligation.

Mais la terminologie rationnelle est celle que nous adoptons, et, pour compléter nos explications à cet égard, nous ajouterons :

Que, dans le sens générique, la convention, c'est tout concours, non sanctionné ou sanctionné par la loi, de deux ou

Le contrat produit, modifie, anéantit, selon les cas, ce que l'on nomme l'obligation.

Qu'est-ce donc précisément que l'*obligation*? C'est une nécessité que la loi nous impose d'accomplir un certain fait envers un autre.

Ce fait, d'ailleurs, peut être aussi bien négatif que positif; il y a des obligations de ne pas faire; telle, l'obligation de ne pas construire un mur ou de ne pas l'élever plus haut qu'un certain niveau.

Mais à quoi se ramène la nécessité que nous impose la loi dans l'obligation et comment se traduit-elle finalement?

La question n'est pas sans présenter certaines complexités.

Il y a d'abord à dire que jamais, chez nous, l'obligation ne peut aboutir à une contrainte directe contre la personne, et, ce qu'il faut s'empresser d'ajouter, c'est qu'elle tend toujours à l'exécution effective de ce qui a été promis, sauf, dans le cas où cette exécution serait impossible, à se résoudre dans le paiement d'une somme d'argent.

C'est donc, en définitive, s'il y a lieu, sur le patrimoine que s'exercera la sanction.

Nous ne posons, bien entendu, en ce moment, que

d'un plus grand nombre de volontés sur une même chose. Et, ainsi entendue, elle comprend le contrat lui-même, le concours de volontés sanctionné par la loi;

Que, dans le sens spécifique, elle est le concours de volontés non sanctionné par la loi, et forme l'antithèse du contrat, selon la manière dont nous l'avons présentée jusqu'ici.

l'idée la plus générale, nous réservant de l'expliquer davantage à l'occasion de l'étude particulière de chacune des obligations que distingue le Code civil.

Le Code civil, en effet, admet trois sortes d'obligations contractuelles, qu'il dénomme obligations de *donner*, de *faire* ou de *ne pas faire*.

Le mot *donner*, dans cette formule du Code civil, a un sens technique qui dérive du Droit romain; l'obligation de *donner*, c'est l'obligation de *transférer la propriété*.

Il existe, d'ailleurs, encore une autre sorte d'obligation que le Code civil n'a pas dénommée ni distinguée d'une manière générale, mais qu'il n'en est pas moins amené à reconnaître et à consacrer à chaque instant. Cette obligation, pour laquelle il est fort difficile de trouver une appellation parce qu'elle comprend des faits d'ordres fort divers, c'est celle qui a reçu dans la science du Droit le nom d'obligation de *prester*.

Prester, c'est d'abord remettre une chose dans tout autre but que celui d'en transférer la propriété; tel, le cas du dépositaire ou de l'emprunteur dans le prêt à usage, qui, l'un et l'autre, sont obligés à un certain jour de remettre, de prester au déposant ou au prêteur la chose déposée ou prêtée.

Prester, ajoute-t-on en général, comprend aussi toutes sortes d'avantages qu'une personne est tenue de procurer à une autre; ainsi le mandataire est tenu de prester sa diligence au mandant.

Mais où marquer alors la limite du domaine de l'obligation de prester ?

Évidemment, cette division des obligations laisse beaucoup à redire (1).

Il faut maintenant savoir que l'obligation porte aussi le nom de *dette*, et que, considérée dans la personne à laquelle en est dû l'acquittement, elle est la *créance*.

Le bénéficiaire de l'obligation, c'est le *créancier*; celui qui la supporte, le *débiteur* (2).

Toutefois, l'effet du contrat, chez nous, ne se rapporte pas seulement à l'obligation, il peut être et il est fréquemment plus considérable; de même qu'il produit, modifie ou anéantit l'obligation, le contrat, chez nous, est apte à produire, à modifier, à transmettre le *droit réel* (3).

(1) Combien ne serait-il pas plus simple, plus net et meilleur de la supprimer, et :

1º De reconnaître qu'il n'y a qu'une seule obligation, l'obligation de *faire*; ne pas faire, s'abstenir, rentrant évidemment dans faire, ne pas faire étant évidemment un fait de la personne ;

2º De déclarer que le bénéficiaire de l'obligation a toujours le droit de s'en procurer l'exécution effective, pourvu qu'il ne contraigne pas directement la personne ;

3º De déclarer aussi que, lorsque l'exécution effective est impossible, l'obligation se résout dans le paiement d'une somme d'argent.

(2) Dans le langage courant, on ne rapporte ces expressions de créancier et de débiteur qu'aux sommes d'argent; la langue du droit les généralise; on peut, en droit, être créancier ou débiteur de toute chose mobilière et de toute chose immobilière.

(3) L'acte de transmettre comprend à la fois, en un certain sens, l'acte d'anéantir et l'acte de produire ; le droit s'anéantit pour celui qui transmet ; il est produit pour celui à qui l'on transmet, mais, à part l'effet propre aux personnes, dans la transmission, c'est toujours le même droit qui subsiste.

Ce point, pour être compris, exige certaines explications.

Considérons un droit quelconque, nous y trouverons toujours trois éléments :

Une personne à qui est dû le droit, et que l'on nomme le *sujet* actif du droit ;

Une personne qui doit le droit, et que l'on appelle le *sujet passif* du droit ;

Une chose sur laquelle porte le droit et qui est l'*objet* du droit.

Vérifions cette affirmation au moyen d'un double exemple :

Pierre est créancier de Paul d'une somme de 1,000 fr.

Pierre est propriétaire de l'immeuble A.

Dans le premier cas, nos trois éléments ressortent, à première vue, à savoir : le sujet actif, qui est Pierre ; le sujet passif, qui est Paul ; l'objet du droit, qui est la somme de 1,000 francs.

Mais, dans le second cas, s'il est encore manifeste qu'il existe un sujet actif, à savoir : Pierre, un objet, l'immeuble A, on n'aperçoit pas du tout, au moins de prime abord, quel peut bien être le sujet passif. Et c'est qu'en effet ce sujet passif est impossible à connaître immédiatement ; ce sujet passif ne peut être connu qu'après coup ; ce sujet passif, ce sera *quiconque*, au détriment de Pierre, viendrait à prétendre qu'il est lui-même propriétaire de l'immeuble A.

On voit donc :

1° Qu'il y a tel droit dont le sujet passif est toujours *connu immédiatement, déterminé immédiatement*, à ce point qu'on ne peut l'énoncer sans nommer ce sujet ;

celui-là, c'est le droit de *créance* ou l'*obligation*, la *dette*, qu'on appelle, en outre, *droit personnel*, à raison précisément de ce qu'il a pour sujet passif une personne déterminée de prime abord ;

2° Qu'il y a, au contraire, tel autre droit dont le sujet passif ne peut être déterminé qu'après coup, et est, après coup, la personne prétendant à la chose qui forme l'objet du droit.

Ce droit-là se nomme le *droit réel*, du mot latin *res* qui signifie *chose*. Il a pour expression la plus complète le droit de propriété, et il comprend tous les droits qui sont des démembrements de la propriété; ainsi, les servitudes, l'hypothèque, etc.

Si nous revenons maintenant au contrat, il sera facile d'en comprendre l'effet général, relativement au droit réel.

Supposons Pierre vendant à Paul tel cheval ou tel fonds ; le contrat a cette force de faire que le cheval ou le fonds qui était la propriété de Pierre devienne instantanément celle de Paul ; Pierre perd la propriété, Paul l'acquiert ; en d'autres termes, elle est transmise de Pierre à Paul.

De même encore, si Pierre, propriétaire du fonds A, vend à Paul, propriétaire du fonds B, voisin du fonds A, une servitude de passage sur le fonds A, il suffit du contrat pour que la servitude naisse instantanément au profit du propriétaire du fonds B.

C'est ce que l'on exprime, d'une manière générale, en disant que *toutes les fois que le contrat a pour objet un corps certain* (1), *il transfère par lui-même le droit*

____

(1) On entend par un corps certain un objet déterminé *dans*

réel, c'est-à-dire la propriété, ainsi que ses démembrements.

Bien entendu, sans préjudice des obligations dont la formation peut accompagner le transfert du droit réel ; ainsi, dans la vente de tel fonds de terre, en même temps que la propriété de tel fonds de terre est instantanément transférée du vendeur à l'acheteur, il se produit à la charge du vendeur et au profit de l'acheteur :

1º Une obligation de *délivrer* le fonds vendu ;

2º Une autre obligation de *conserver* le fonds jusqu'à la délivrance ;

3º Une autre obligation enfin de *garantir* l'acheteur contre tous troubles et évictions.

Mais toutes ces choses se verront mieux en pénétrant plus avant dans la théorie du contrat.

Nous étudierons successivement :

1º Les divisions des contrats ;

2º Les conditions nécessaires à l'existence et à la validité des contrats ;

son individu ; par exemple, si je déclare vous vendre un kilogramme de sucre, un stère de bois de chauffage, ce ne sont pas là des ventes de corps certain ; pour que la vente du sucre ou celle du bois deviennent des ventes de corps certain, il faut que le sucre ait été mis à part et pesé, le bois mis à part et mesuré ; en d'autres termes, que le sucre et le bois soient déterminés, comme nous venons de le dire, dans leur individu.

Quand le contrat porte sur un immeuble, il est fort rare que l'immeuble ne soit pas un corps certain.

Aussi y a-t-il un immense intérêt à savoir que le contrat qui a pour objet un corps certain transfère *instantanément* le droit réel.

3º Les effets des contrats ;

4º Les causes de dissolution des contrats et d'extinction des obligations contractuelles.

CHAPITRE PREMIER

Divisions des contrats.

On distingue six principales espèces de contrats :

1º Les contrats *bilatéraux* ou *synallagmatiques* et les *unilatéraux* ;

2º Les contrats à *titre onéreux* et les contrats *à titre gratuit* ou *de bienfaisance* ;

3º Les contrats *nommés* et les contrats *innommés* ;

4º Les contrats *consensuels* et les contrats *réels* ;

5º Les contrats *non solennels* et les contrats *solennels* ;

6º Les contrats *principaux* et les contrats *accessoires*.

A ces six divisions, il faut ajouter la subdivision des contrats à titre onéreux en contrats *commutatifs* et contrats *aléatoires*.

Passons en revue ces différentes espèces de contrats.

D'abord, on entend par contrat *bilatéral* ou *synallag-*

matique celui où il naît une ou plusieurs obligations à la charge de chacune des deux parties (1).

Exemples : la vente, l'échange, le louage, la société, etc.

Le contrat *unilatéral* est celui où il ne naît d'obligation qu'à la charge de l'une des parties.

Exemples : le cautionnement, le prêt à usage, le prêt à intérêt, le dépôt, le mandat, la constitution d'hypothèque, etc.

Il y a un double intérêt pratique à cette distinction :

En premier lieu, dans le contrat synallagmatique, une condition *résolutoire*, c'est-à-dire une condition qui, comme nous le savons déjà, réduit le contrat à néant, même pour le passé, est toujours sous-entendue au profit de chacune des parties pour le cas où l'autre n'acquitterait pas son obligation ; or, dans les contrats unilatéraux, il n'y a pas, d'ordinaire, de condition résolutoire semblable.

En second lieu, lorsqu'il s'agit d'un contrat synallagmatique et lorsque c'est par un simple acte sousseing privé que les parties ont entendu en constater l'existence, non seulement cet acte doit être rédigé en autant d'originaux qu'il y a de parties ayant un intérêt distinct, mais chaque original doit porter la mention expresse de l'accomplissement de cette formalité ; or, comme la précédente, cette nouvelle disposition est inapplicable au contrat unilatéral.

---

(1) *Bilatéral* vient de *bis* qui, en composition, signifie *deux*, et *latus, lateris*, côté.

Synallagmatique a pour étymologie les mots σὺν (avec) et ἀλλάσσειν (changer).

Toutefois, il est à remarquer que, lorsqu'il s'agit d'un contrat unilatéral par lequel une personne s'engage à payer à une autre une somme d'argent ou une certaine quantité de choses qui s'estiment au nombre, au poids ou à la mesure, le billet ou la promesse sous-seing privé doit être écrit en entier de la main de l'obligé, ou, du moins, outre sa signature, l'obligé doit écrire de sa main un *bon* ou un *approuvé* portant, en toutes lettres, la somme ou la quantité de la chose (1).

On appelle contrat *à titre onéreux* celui dans lequel chacune des parties à en vue un intérêt pécuniairement appréciable.

Exemples : la vente, l'échange, le louage.

Tous les contrats synallagmatiques sont nécessairement à titre onéreux, chacune des parties ayant en vue ce qui fait l'objet de l'obligation de l'autre ; mais la réciproque n'est pas vraie, et un contrat peut être à titre onéreux, quoique étant d'ailleurs unilatéral ; tel, le prêt à intérêt où il n'y a d'obligation, du moins dès le principe, qu'à la charge de l'emprunteur.

Le contrat *à titre gratuit*, dit aussi *de bienfaisance*, est celui dans lequel l'une des deux parties n'a en vue aucun intérêt pécuniairement appréciable.

Exemples : le prêt sans intérêt, le dépôt, le mandat, le cautionnement.

Quant à la donation entre vifs, les auteurs, en général,

______

(1) Le droit commercial ne connaît pas cette exigence ; cependant, dans la pratique commerciale, on n'admettrait point un billet qui ne serait pas en entier de la main du débiteur ou qui ne porterait pas un *bon* ou un *approuvé* de sa main.

refusent de la classer parmi les contrats à titre gratuit, parce que, disent-ils, elle se sépare en des points graves des vrais contrats à titre gratuit.

L'intérêt pratique de cette nouvelle distinction est encore double :

D'une part, l'erreur sur la personne a, en général, plus de gravité dans les contrats à titre gratuit que dans les contrats à titre onéreux; par exemple, il est clair que cette considération joue un rôle capital dans le choix d'un mandataire ou d'un dépositaire ;

D'autre part, la responsabilité du débiteur, sa faute, doit être appréciée d'une manière moins sévère dans le contrat à titre gratuit que dans le contrat à titre onéreux.

Les contrats *nommés* sont ceux auxquels la loi a attaché un nom particulier.

Les contrats *innommés* sont ceux qui n'ont reçu aucune dénomination spéciale.

L'intérêt pratique de cette distinction est le suivant :

Les contrats nommés sont soumis, non seulement aux règles générales sur les contrats, mais à certaines règles propres à chacun d'eux ;

Les contrats innommés n'ont pas de règles propres.

Le contrat *consensuel* est celui qui se forme par le seul consentement des parties.

Exemples : la vente, l'échange, le louage.

Le contrat *réel* est celui qui ne se forme que tout autant qu'il y a eu non seulement consentement des parties, mais encore remise de la chose qui fait l'objet du contrat.

Exemples : le prêt à usage, le dépôt, le nantissement (1).

Le contrat *non solennel* est celui pour l'existence duquel l'accomplissement d'aucune formalité spéciale n'est requis.

C'est aujourd'hui le cas de presque tous les contrats.

Le contrat *solennel* est celui pour l'existence duquel l'accomplissement de certaines formalités spéciales est exigé.

Encore aujourd'hui, dans notre droit, sont des contrats solennels : la donation entre vifs, le contrat de mariage, le contrat de constitution d'hypothèque (2).

Il faut ajouter aux précédents, dans le droit civil, deux contrats relatifs aux personnes : le mariage, contrat d'union des époux, et le contrat d'adoption.

Le contrat *principal* est celui qui n'est fait que pour lui-même.

(1) Nous nous bornerons à rappeler que le développement de la théorie du contrat consensuel a marqué un progrès considérable dans l'histoire de l'affranchissement de la volonté, en matière de contrats.

(2) Les contrats solennels ont ce grand vice d'admettre des causes de nullité que ne connaissent pas les autres ; en outre, l'intervention forcée d'un officier public, le notaire, dans les trois que nous venons de citer, les rend coûteux.

Aussi, combien de pauvres gens, ne possédant qu'un faible pécule, craignent de débourser la petite somme indispensable pour faire dresser, par exemple, un contrat de mariage, se marient sans contrat, et se trouvent, de la sorte, soumis à ce régime de communauté légale, qui peut être si funeste aux intérêts des deux époux et à ceux de la femme en particulier.

Le contrat *accessoire* est fait, au contraire, pour assurer l'exécution d'un autre contrat.

La vente, par exemple, est évidemment un contrat principal ; mais, si l'on en fait la condition d'un autre contrat, elle peut devenir un contrat accessoire et il en est de même de presque tous les contrats principaux.

Comme contrats accessoires, c'est-à-dire accessoires par nature, il faut citer le contrat de mariage, contrat de règlement des intérêts pécuniaires des époux, lequel est l'accessoire du contrat d'union, le cautionnement, le nantissement, la constitution d'hypothèque, lesquels, tous les trois, supposent toujours l'existence d'une dette principale à garantir.

L'intérêt pratique de cette division est que le sort du contrat principal ne dépend de celui d'aucun autre, tandis que le sort du contrat accessoire dépend, en général, de celui du contrat principal.

Reste à expliquer la subdivision des contrats à titre onéreux en contrats *commutatifs* et contrats *aléatoires*.

Le contrat *commutatif* (1) est celui dans lequel chacune des parties a en vue un équivalent appréciable dès le moment même du contrat ;

Le contrat *aléatoire* (2) est celui dans lequel chacune des parties entend courir une chance de gain ou de perte (3).

---

(1) *Commutatif*, de *commutare*, échanger.

(2) *Aléatoire*, de *alea*, chance.

(3) Philosophiquement et quant aux résultats possibles, on pourrait dire qu'il n'y a que des contrats aléatoires ; ainsi, j'achète une maison, et la maison aussitôt vient à brûler ; je perds la somme que j'ai échangée contre la maison et qui, elle,

Sont des contrats commutatifs : la vente, l'échange, le louage.

Sont, au contraire, des contrats aléatoires : le contrat d'assurance, le prêt à la grosse aventure, le jeu et le pari, le contrat de rente viagère (1).

Il est facile de voir que tout contrat synallagmatique

n'eût point péri par l'incendie qui a fait périr la maison. En définitive, une très mauvaise chance s'est réalisée pour moi.

Mais, néanmoins, au moment où j'ai fait le contrat, je pouvais apprécier ce que je faisais, comparer la valeur de la maison avec la somme que je consacrais à en faire l'achat, je faisais un échange dont je pouvais me rendre compte, et c'est ce que les légistes entendent dire en qualifiant le contrat de commutatif.

Dans le contrat aléatoire, aucune des parties, au moment du contrat, n'est à même de savoir si elle fait une bonne ou une mauvaise affaire.

Le contrat aléatoire peut présenter, au point de vue du juste, un caractère fort vicieux ; il peut amener l'enrichissement sans travail et répandre, au grave dommage des mœurs générales, le goût de cette façon de s'enrichir.

Toutefois, il y a des distinctions à faire, et aussi des questions de mesure à poser, selon les cas.

(1) On définit, d'une manière générale, l'assurance : un contrat qui a pour but d'indemniser une personne d'une perte résultant d'un cas fortuit.

Le prêt à la grosse aventure se rapporte aux choses de la mer. C'est un contrat par lequel une personne prête à un autre un capital sur des objets exposés à des risques maritimes, à condition que, si ces objets arrivent heureusement celui qui aura reçu la somme sera tenu de la rendre à cel qui l'a prêtée, avec un certain profit convenu (profit maritime ou que si, par les accidents de la navigation, ces objets périssent ou sont détériorés, celui qui a prêté le capital ne pour réclamer une somme supérieure à celle que les objets se trouveront valoir.

est commutatif; chacune des parties entend échanger dans le contrat synallagmatique contre une obligation dont l'objet est appréciable l'obligation qu'elle assume elle-même ; mais la réciproque n'est pas vraie et un contrat unilatéral peut fort bien avoir le caractère commutatif; tel est le cas du prêt à intérêt. En effet, si je vous prête une somme de 1,000 francs à intérêt, le contrat ne se forme qu'au moment où je vous remets les écus, car on ne peut comprendre le prêt autrement que comme réalisé; c'est-à-dire qu'en vertu de la force logique des choses, le contrat de prêt à intérêt est un contrat réel. Mais par là même, il est unilatéral; moi, prêteur, en remettant les écus à l'emprunteur, j'ai fait tout ce que j'avais à faire pour que le prêt existât, et c'est à la charge seule de l'emprunteur qu'il naît des obligations, celle de me payer l'intérêt stipulé et celle de me rendre au jour dit la somme prêtée.

Néanmoins, le contrat est commutatif; en effet, en prêtant mes 1,000 francs pour un intérêt de tant, j'ai entendu échanger l'usage de ces 1,000 francs contre l'intérêt que j'ai stipulé ; de même qu'à l'inverse, l'emprunteur s'est proposé d'échanger l'intérêt qu'il s'est obligé à me payer contre l'utilité qu'il compte retirer de l'emploi des 1,000 francs.

Et il y a une base appréciable de calcul pour les deux parties.

On voit l'idée d'association qui existe dans ce dernier contrat et qui en fait un agent très important du commerce maritime.

Quant à l'assurance, contrat aux applications les plus diverses et qui a devant lui un immense champ d'avenir, il en sera traité d'une manière spéciale dans cette *Bibliothèque.*

CHAPITRE II

Conditions nécessaires à l'existence et à la validité des contrats.

Il faut bien se garder de confondre les conditions qui sont nécessaires à l'existence des contrats avec celles qui sont nécessaires à leur validité.

Les conditions nécessaires à l'existence du contrat, sont, comme on le comprend, des conditions telles que, si elles manquent, il n'y a pas de contrat.

Les conditions nécessaires à la validité du contrat sont des conditions dont le défaut est assurément de nature à influer sur le sort final du contrat et peut en amener la chute, mais suppose par là même l'existence du contrat.

Énonçons d'abord ces deux séries de conditions ; il sera plus facile de concevoir ensuite la sanction qui s'attache au manque des unes ou des autres.

Les conditions nécessaires à l'existence du contrat sont :

1º Le consentement des parties ;

2º Un objet certain et licite ;

3º Une cause réelle et licite.

Nous étudierons tout à l'heure, une à une, chacune de ces conditions ; ajoutons-y :

Pour le contrat réel, la remise de la chose qui fait l'objet du contrat ;

Pour le contrat solennel, l'accomplissement des formalités spécialement requises.

Les conditions nécessaires à la validité du contrat se rapportent :

1º Au consentement des parties, comme la première des conditions nécessaires à l'existence du contrat ;

2º A la capacité des parties.

Mais l'on pourrait ici s'étonner et se demander comment il se fait que le consentement figure à la fois parmi les conditions nécessaires à l'existence du contrat et parmi les conditions nécessaires à sa validité ?

Nous allons l'expliquer, et, si la chose est subtile, elle n'en est pas moins exacte.

Le consentement, qui est un acte de la volonté, est exposé comme la volonté à subir des atteintes plus ou moins graves, et l'on conçoit fort bien, de prime abord, qu'il y ait telles atteintes propres à faire considérer le consentement comme n'ayant pas existé, telles autres propres à le faire considérer comme simplement diminué. C'est, du reste, ce que nous rendrons tout à l'heure plus clair, en le développant ; il suffit, en ce moment, de ce que nous venons de dire pour que l'on comprenne qu'aux atteintes de nature à faire réputer le consentement non existant corresponde la non-existence ou ce qu'on nomme la *nullité* du contrat, et aux atteintes de nature à faire réputer le consentement diminué ce que l'on nomme la non-validité ou l'*annulabilité* du contrat (1).

____

(1) Le Code civil confond la nullité et l'annulation sous la même expression, celle de *nullité*.

Mais nous avons mentionné aussi la capacité des parties comme une condition nécessaire à la validité. Une objection pourrait être faite ; il pourrait paraître surprenant que la capacité des parties soit mentionnée comme une condition de validité spéciale et ne soit pas rattachée à la question du consentement. Si nous supposons, en effet, le cas d'un mineur s'obligeant par un contrat, pourquoi déclare-t-on que son obligation est annulable, si ce n'est parce que l'on présume que sa volonté n'est ni assez ferme ni assez éclairée pour qu'il soit apte à contracter ?

L'objection nous paraît à nous-même fondée ; mais il faut prendre la loi telle qu'elle est, et, puisqu'elle a séparé la condition de la capacité des parties de celles qui se rapportent au consentement, il faut tenir légalement, sinon rationnellement, cette condition comme distincte.

Arrivons-en à la sanction des conditions qui sont nécessaires à l'existence du contrat et de celles qui sont nécessaires à sa validité.

Comme nous l'avons annoncé, il y a *nullité* dans le premier cas ; dans le second, *annulabilité*.

Voici en quoi diffèrent la nullité et l'annulabilité :

Dans le cas de nullité, comme il n'existe rien, il ne peut y avoir ni confirmation ni prescription possible, et tout intéressé est admis à prouver qu'il n'existe rien, ou si l'on veut, à invoquer la nullité ;

Dans le cas de non-validité ou d'annulabilité, la confirmation est possible et la prescription aussi ; mais l'annulabilité ne peut être invoquée que par la personne

même qui a souffert du vice donnant lieu à l'annulabi-
lité ou par ses ayants-cause universels (1).

Nous étudierons :

1º Le consentement ;

2º L'objet ;

3º La cause ;

4º La capacité des parties.

1º *Du consentement.*

Nous nous plaçons ici dans l'hypothèse où la per-
sonne jouit de la plénitude de ses facultés, et il s'agit
de savoir quelles sont les causes accidentelles suscep-
tibles d'affecter assez gravement sa volonté, au moment
où elle contracte, pour que son consentement soit plus
ou moins vicié et qu'il puisse y avoir, soit annulabilité,
soit nullité du contrat.

Question toute philosophique et toute intime, question

(1) En tant qu'il s'agit de chaque contrat en particulier, on
peut distinguer :

Les choses essentielles ;

Les choses accidentelles.

Les choses essentielles, ce sont celles sans lesquelles tel
contrat ne peut se former et dont l'absence fait ou qu'il n'y a
pas de contrat du tout, ou qu'il y a une autre espèce de con-
trat que celui que les parties ont entendu faire.

Ainsi, impossible en droit de comprendre l'existence d'une
vente sans un prix, et, si le prix ne consiste pas en argent,
au lieu d'une vente, c'est un échange qui apparaît.

Quant aux choses accidentelles, ce sont, comme le mot
l'indique, toutes les clauses que l'on peut, à volonté, faire ou
ne pas faire figurer dans un contrat.

de circonstances et de fait surtout, et pour laquelle il eut bien mieux valu laisser à la doctrine le soin d'établir une théorie, et à la jurisprudence le droit de décider selon les cas.

Le législateur a pensé autrement ; il a préféré poser lui-même quelques définitions, dans la crainte, s'il ne le faisait, d'ouvrir une trop large carrière à l'appréciation des tribunaux ; mais le champ de l'appréciation à l'égard de la question du consentement ne saurait être exactement mesuré au juge ; bien mieux, avec un juge éclairé, la liberté de l'appréciation, en ces matières si variées et si délicates, ne peut que favoriser une bonne interprétation des faits et tourner à l'avantage de la liberté des parties elles-mêmes, tandis que, pour paraître restreindre l'arbitraire des tribunaux, les définitions légales ne font que fournir en ce sujet de nouveaux thèmes à l'esprit de casuistique et de controverse.

Quoi qu'il en soit, voici quelle est, dans ses principales lignes, la théorie du consentement qui se dégage, d'une manière plus ou moins nette, de l'étude du Code.

Le consentement consiste dans la conformité d'une volonté avec une autre volonté. Il comporte, en général, trois vices, qui sont :

L'erreur ;

La violence ;

Le dol.

A ces trois vices, il faut ajouter pour certains contrats (*Voir plus bas, p.* 37) :

La lésion (1).

____

(1) Ce n'est qu'en forçant les choses qu'on a pu ranger la

L'erreur et la violence peuvent aller jusqu'à rendre le contrat *nul ;* il peut se faire qu'elles ne le rendent qu'*annulable ;* il y a même des erreurs *indifférentes* au point de vue de la loi, et il y a des *pressions morales* qui ne sont pas des violences.

Le dol n'est jamais une cause de *nullité,* il ne peut être qu'une cause d'*annulation ;* parfois il est légalement *indifférent* ou peut ne donner lieu qu'à des *dommages-intérêts.*

Enfin, dans les rares cas où elle vicie le contrat, la lésion, non plus que le dol, n'est jamais cause de *nullité,* elle n'est que cause d'*annulation.*

Parcourons maintenant les définitions et les prévisions de la loi, en les précisant et en les complétant.

Touchant l'erreur en elle-même, il n'y a d'abord qu'une chose à dire, c'est qu'elle est une opinion non conforme à la vérité.

Le Code civil n'a pas prévu formellement l'erreur propre à rendre le contrat nul.

Serait de cette sorte l'erreur qui porterait sur la nature ou encore sur l'objet du contrat : ainsi, vous entendez que je vous fais une donation, et moi j'entends vous faire une vente ; il est clair que nos volontés ne se sont pas rencontrées et qu'il n'y a rien de fait entre nous. De même, j'entends vous vendre ma mai-

lésion parmi les vices du consentement ; la lésion est extérieure au consentement, elle peut être une preuve que la partie ne s'est pas rendu compte de ce qu'elle a fait, qu'elle est incapable de se rendre compte, et c'est alors l'incapacité, si la lésion suffit à la démontrer, mais non pas la lésion, qui doit faire annuler le contrat.

son de la ville, et, vous, vous entendez acheter ma maison de la campagne ; évidemment, il en est de ce cas comme du précédent, et le contrat n'a pu se former.

Comme hypothèse, légalement prévue, d'une erreur rendant le contrat annulable, se trouve celle qui porterait sur la qualité que les contractants ont eue principalement en vue (1).

L'exemple classique est le suivant : je veux acheter une paire de chandeliers d'argent ; j'achète de vous une paire de chandeliers que vous me présentez à vendre et que je prends pour des chandeliers d'argent, quoiqu'ils ne soient que de cuivre argenté ; la vente sera annulable (2).

On considère comme indifférente l'erreur sur les motifs du contrat, et encore y a-t-il à distinguer.

Ainsi, on m'a rapporté faussement que mes chevaux étaient morts, et, sur ce faux avis, j'en ai acheté d'autres, en faisant d'ailleurs part à mon vendeur du motif pour lequel j'achetais des chevaux ; l'erreur où j'étais en contractant n'affecte mon achat d'aucun vice. Mais, supposons que j'eusse dit que je n'achetais de nouveaux chevaux que pour le cas où les miens seraient morts : alors la solution change du tout au tout, et, si mes chevaux ne sont pas morts, le contrat est nul.

On le voit, tout, en ces points, est d'intention et de fait.

(1) Cette qualité, c'est ce que le Code, dans une langue étrange, appelle la *substance* de la chose.

(2) Il nous paraît cependant évident que si le vendeur a marqué son intention d'acheter des chandeliers d'argent, il y a erreur sur l'objet, et il y a lieu de déclarer le contrat nul.

Passons à la violence.

D'après le Code, la violence est une contrainte de nature à faire impression sur une personne raisonnable et à lui faire redouter d'exposer elle ou sa fortune à un mal considérable et présent.

Et le Code ajoute encore qu'il faut, en cette matière, avoir égard à l'âge, au sexe et à la condition des personnes.

Puis, c'est une présomption qui est posée; et la violence, exercée sur le conjoint, sur les descendants ou les ascendants de l'une des parties, est déclarée produire les mêmes conséquences que celle qui serait exercée sur la partie ; ce qui ne veut pas dire, d'ailleurs, par un argument contraire, que, si une violence est exercée sur notre intime ami pour nous porter à contracter, nous ne puissions invoquer cette violence comme propre à invalider notre contrat; mais seulement, dans ce cas, à la différence de celui où la violence s'en est prise aux personnes qu'a dénommées la loi, le contractant est obligé de prouver l'affection qui le rattache aux personnes violentées.

Enfin, la loi a pris soin de classer en dehors de l'idée de la violence la crainte révérentielle envers les parents.

Mais, qu'il eût donc été plus simple d'admettre ouvertement, pour ce nouveau vice, le résultat auquel on arrive à peu près et qui est l'appréciation discrétionnaire des tribunaux !

Comme exemple d'une violence rendant le contrat nul, on cite le cas d'une personne qui en obligerait matériellement une autre à souscrire un billet à son profit ;

mais, ajoute-t-on, si la personne s'est bornée à des menaces, caractérisées, d'ailleurs, comme il a été dit plus haut, alors le contrat n'est qu'annulable.

Chose à noter, au surplus : il n'est pas nécessaire que la violence soit commise par le cocontractant, il suffit qu'elle le soit au profit du cocontractant, dont la loi présume alors la complicité, sans lui permettre même de fournir la preuve contraire pour faire maintenir le contrat (1).

Voyons le cas du dol.

On définit le dol une manœuvre frauduleuse employée pour tromper autrui.

Puisque, dans le dol, il y a une tromperie de l'un, il s'ensuit forcément qu'il y a une erreur de l'autre.

Il semblerait donc que le dol fait double emploi avec l'erreur. Il n'en est rien pourtant, car, lorsque l'erreur ne suffirait pas par elle-même à faire annuler le contrat, c'est alors que, le dol s'y joignant, la cause d'annulation se trouve exister.

Il faut, d'ailleurs, que la manœuvre constitutive du dol ait été le mobile déterminant du contrat, ce qui n'est pas, on l'aperçoit, sans laisser encore aux tribunaux quelque latitude pour apprécier les faits !

Ajoutons que, pour ce vice-là, on n'admet pas, du moins en général, qu'il puisse procéder du fait d'un autre que le cocontractant.

____

(1) Ce point nous est venu de la société romaine et de celle du moyen âge, où il était souvent difficile de prouver la complicité du contractant dans la violence exercée à son profit par un tiers ; ce qu'il est aujourd'hui, c'est une injustice fondée sur un anachronisme.

Arrivons-en enfin à la lésion, c'est-à-dire au préjudice que l'une des parties éprouverait en faisant un contrat commutatif.

Nous avons déjà dit que la lésion n'est un vice du consentement pour les majeurs que dans des cas exceptionnels ; un de ces cas, fort connu, est celui de la vente d'un immeuble lorsque le vendeur est lésé de plus des sept douzièmes ! Et, de l'avis d'un grand nombre, c'est une bien regrettable disposition que celle-là (1).

Pour compléter la théorie du consentement, il nous reste à dire que l'action en annulation résultant des quatre vices d'erreur, de violence, de dol et de lésion peut être exercée même contre les acquéreurs de la

---

(1) Dans l'ancien droit, on était fort enclin à considérer comme sujets à l'action en rescision pour cause de lésion tous les contrats qui avaient pour objet des immeubles ou des meubles précieux.

C'était un effet de l'idée générale de la conservation des biens dans les familles ; ne fallait-il pas maintenir en situation les familles riches ?

Lors de la discussion du Code, ce furent Bonaparte et Portalis qui insistèrent avec le plus de vivacité pour que la lésion demeurât une cause de rescision de la vente des immeubles : « Peut-il être dans les principes de la justice civile, s'écriait Bonaparte, de sanctionner un acte par lequel un individu sacrifie, dans un moment de folie, l'héritage de ses pères et le patrimoine de ses enfants ! »

Et celui qui compromet par une vente sa fortune mobilière, pourquoi ne pas le protéger aussi ? Mais pourquoi ne pas protéger également l'acheteur ? Et pourquoi ne pas protéger tous ceux qui, par un contrat quelconque, risquent de diminuer, en se lésant, leur situation de fortune ?

chose qui a fait l'objet du contrat; c'est, en d'autres termes, une action réelle (1).

Or, comme nous l'avons déjà dit, rien de pire pour la stabilité et la sécurité de la propriété que les actions de cette sorte, et il n'est pas douteux que la raison scientifique n'arrive de plus en plus à leur substituer des actions personnelles en dommages-intérêts.

2° *De l'objet.*

L'objet d'un rapport de droit, c'est la chose à laquelle s'applique ce rapport.

Si simple que cette notion paraisse, elle n'est pas cependant toujours facile à appliquer au contrat.

Il y a, en effet, des distinctions à faire.

Lorsque le contrat produit le droit réel, c'est-à-dire lorsqu'il porte sur un corps certain, il a pour objet ce corps certain, du côté du moins de la partie qui se démunit du corps certain.

Exemple : Je vous vends tel cheval, moyennant le prix de 1,000 francs ; l'objet du contrat, du côté du vendeur, c'est évidemment le cheval.

Lorsque le contrat ne porte pas sur un corps certain, et qu'il produit une obligation ou des obligations, il a, en général, pour objet ce qui fait l'objet de l'obligation ou des obligations dont il est cause.

---

(1) On conteste cette décision pour l'action de dol, mais la loi n'ayant pas distingué, quant à la nature de l'action, entre ce vice et les autres, il y a lieu d'attribuer le caractère réel à l'action née du dol comme à celle que produit chacun des trois autres vices.

Exemple : Je vous vends non plus tel cheval, mais un cheval à prendre dans mes écuries, moyennant 1,000 francs.

Ici, l'objet de l'obligation ou des obligations et celui du contrat, du côté de chacune des parties, se confondent ; cet objet, du côté du vendeur, c'est le cheval ; du côté de l'acheteur, le prix.

Ces notions suffisent pour montrer ce qu'il faut entendre par l'objet du contrat, et ajoutons par celui de *l'obligation*.

Quant aux conditions requises dans l'objet du contrat, on peut les ramener à deux :

1º L'objet du contrat doit être, sinon déterminé *dans son individu*, ce qui est le cas du *corps certain*, du moins susceptible de l'être : ainsi, il tombe sous le sens qu'on ne peut stipuler un animal, car, du ciron jusqu'à l'éléphant, il y aurait de la marge ; mais on peut fort bien stipuler un cheval ou un bœuf. Ce qui, en effet, est seulement nécessaire, c'est qu'il soit possible de discerner l'objet que les parties ont eu en vue ;

2º L'objet du contrat doit être licite, ce que l'on exprime encore en disant qu'il ne doit pas être contraire à l'ordre public (1).

Inutile d'ajouter que l'objet doit avoir une réalité,

____

(1) Il est impossible de tenter une définition de l'ordre public dans nos sociétés ; ce n'est que par voie d'analyse que l'on peut arriver à y distinguer ce qui est d'ordre public de ce qui n'en est pas.

Au point de vue philosophique et idéal, l'ordre public, ce serait l'harmonie de tous les droits et de toutes les libertés individuelles.

qu'il ne doit pas être une pure chimère, mais il peut parfaitement consister dans une chose future et dans une simple espérance ou dans une chance.

Notons la défense des pactes sur une succession non ouverte ; de pareils pactes, dit-on, risqueraient d'engendrer un vœu de mort (1).

Le défaut d'objet ou d'un objet licite entraîne, nous l'avons dit, la nullité.

3º *De la cause.*

La cause du contrat et celle de l'obligation contractuelle, c'est le but essentiel, selon le droit, que les parties se proposent d'atteindre en contractant.

Ainsi, en reprenant les exemples, cités plus haut, de la vente d'un cheval, soit déterminé, soit indéterminé, pour le prix de 1,000 francs, il est facile de voir que la cause, dans les deux sortes de vente, ne varie pas pour le vendeur ; c'est toujours le prix que devra lui payer l'acheteur ; au contraire, pour l'acheteur, dans la vente d'un cheval déterminé, c'est l'acquisition du cheval par le fait même du contrat, qui est la cause de son obligation, et dans la vente d'un cheval indéterminé, c'est l'obligation prise envers lui par le vendeur de lui faire acquérir un cheval.

Lorsque, d'ailleurs, le contrat synallagmatique ne se

____

(1) Mais les successions *ab intestat* peuvent aussi engendrer ce vœu, et on n'a jamais proposé d'abolir, pour ce motif, les successions *ab intestat*.

Et la rente viagère, et l'assurance sur la vie, ne sont-elles pas dans le même cas ?

rapporte pas à l'acquisition d'un droit réel sur un corps certain, ce qui est l'objet de l'obligation de l'une des parties est la cause de l'obligation de l'autre, et réciproquement.

En somme, ce qu'il y a à dire de la cause, c'est, pour les contrats à titre onéreux, qu'elle consiste dans l'intérêt réciproque des parties, et, pour les contrats à titre gratuit, qu'elle se confond avec l'objet, que, pour ces contrats, elle consiste dans la bienfaisance de l'une des parties (1).

La cause peut être *successive*, c'est ce qui se présente dans le louage, et la conséquence est remarquable. Supposons, en effet, que la maison louée vienne à périr ; comme le bailleur avait envers le preneur l'obligation de le faire jouir quotidiennement de la maison qu'il lui avait louée, le preneur ne doit les loyers que jusqu'au jour où la maison a péri.

Quant aux qualités de la cause, elles sont celles qui sont requises dans l'objet.

Le défaut de cause ou d'une cause licite, nous le savons, rend le contrat nul.

4° *De la capacité des parties.*

Nous sommes, en général, capables de contracter ; aussi toute incapacité ne peut-elle résulter que des principes généraux de la loi ou d'un texte formel.

L'incapacité peut être de nature ou à rendre le contrat nul ou à le rendre simplement annulable.

(1) C'était là la théorie de Domat, et il y a lieu de s'y tenir.

On est d'accord pour reconnaître que le contrat fait, par exemple, avec un enfant en bas-âge, est nul.

Rend, au contraire, le contrat simplement annulable l'incapacité :

Du mineur, soit non émancipé et en tutelle, soit émancipé et en curatelle ;

De l'interdit ;

De la femme mariée ;

De certaines personnes civiles (1) ;

Des personnes pourvues d'un conseil judiciaire ;

Des individus placés dans un établissement d'aliénés, en vertu de la loi du 30 juin 1838 ;

Des personnes frappées d'une incapacité spéciale pour certains contrats ; tel, en général, le cas des époux lorsqu'ils font ensemble un contrat de vente.

D'après l'opinion la plus accréditée, l'incapacité du mineur présente, d'ailleurs, ce caractère à part que ce n'est qu'autant qu'il est lésé que le mineur est restituable contre l'acte qu'il a fait.

Il est, au surplus, à noter que l'annulabilité qui frappe le contrat où a figuré un incapable n'étant, en général, établie que dans l'intérêt de cet incapable,

---

(1) On appelle de ce nom certaines collectivités que la loi revêt de la personnalité ou auxquelles elle permet de la revêtir, et dont elle considère en masse tous les membres, quelque nombreux qu'ils soient, comme un seul individu capable d'avoir ou de devoir des droits ; ainsi, les communes, les établissements publics, etc.

Les communes et les établissements publics appartiennent à la catégorie des personnes civiles qui ne peuvent contracter que dans les conditions réglées par la loi.

l'action en annulabilité n'appartient pas, en général, à l'individu capable qui a traité avec l'individu incapable.

CHAPITRE III

Des effets des contrats.

Avant de pénétrer dans les détails longs et compliqués qui sont indispensables pour faire connaître les effets des contrats, il est un principe qu'il importe de mettre en relief.

C'est celui qui veut que le contrat, régulièrement formé, tienne lieu de loi entre les parties qui l'ont consenti.

Or, ce qu'il faut entendre par là, c'est que ni le juge, ni le législateur n'a le droit de modifier un contrat.

Et, en effet, si le contrat a été ce qu'il doit être, un acte de la volonté des parties s'exerçant librement sous l'empire de la loi générale, il se pose comme une règle au niveau de laquelle il n'est pas possible d'en concevoir aucune autre.

Cependant, pour tempérer l'excès de rigueur du créancier, la loi, comme nous le verrons, permet au juge d'accorder des délais au débiteur (1).

(1) Ce n'est pas suffisant pour suppléer le sentiment de justice supérieure et de sympathie humaine dont devrait être animé le créancier envers le débiteur malheureux ! Sans l'aide de la Morale, le Droit ne peut suffire à rien, et il n'est pas bon de le faire sortir de son domaine propre.

On comprend, du reste, que les parties elles-mêmes, en tant qu'elles ne nuisent pas aux tiers, aient le droit de modifier ou même de révoquer le contrat qu'elles ont fait.

Toutefois, il y a des contrats irrévocables, par exemple le contrat de mariage, et il y en a, à l'inverse, qui peuvent être révoqués par la volonté de l'une des parties seulement, par exemple, le mandat.

Nous diviserons en deux sections principales la matière des effets des contrats.

Dans la première, nous exposerons les effets du contrat en tant que transférant la propriété.

Dans la seconde, les effets du contrat en tant que produisant des obligations. Nous traiterons, à cette occasion, des obligations contractuelles en général, en ne réservant que la théorie des modes d'extinction.

SECTION I

EFFETS DU CONTRAT EN TANT QUE TRANSFÉRANT LA PROPRIÉTÉ.

Nous savons que le contrat qui peut seul transférer la propriété, ou, d'une manière plus générale, la propriété et ses démembrements, le droit réel, c'est le contrat portant sur un corps certain, sur un objet déterminé dans son individu.

Outre cet effet, d'ailleurs, et en même temps que cet effet, le contrat translatif de la propriété en produit d'autres ; il produit l'obligation de *conserver* le corps certain jusqu'à l'époque de la délivrance, il produit l'obligation de *délivrer*.

Que faut-il entendre par ces deux obligations ?

L'obligation de *conserver*, c'est la nécessité d'apporter à la garde de la chose tous les soins d'un propriétaire diligent.

Cette nécessité donne lieu, de la part des auteurs, à une théorie dite de la *prestation des fautes*, qui, en un langage plus simple, est une théorie de *responsabilité*.

Qu'il nous suffise de dire que, chez nous, ce que la loi exige, en général, du débiteur, c'est qu'il se conduise pour la conservation de la chose comme le ferait un homme soigneux, ou, en répétant notre première formule, un propriétaire diligent.

C'est, au surplus, aux tribunaux qu'il appartient d'apprécier s'il l'a fait, et de le condamner, s'il ne l'a pas fait, à tels dommages-intérêts qu'il appartiendra.

L'obligation de *délivrer*, nommée aussi obligation de *livrer*, consiste dans la nécessité de mettre la chose à la disposition plus ou moins complète de l'acquéreur, selon la nature et l'étendue du droit réel que l'acquéreur a sur cette chose.

La manière dont s'opère la délivrance dépend de la nature du contrat, de celle de la chose et des circonstances ; c'est avant tout une chose de fait. Ainsi, on ne délivrera pas des blocs de marbre se trouvant dans une carrière comme on délivre une maison ; pour délivrer la maison, il suffira d'ordinaire d'en remettre les clefs ; mais, quant aux blocs de marbre, le vendeur aura d'abord à les retirer de la carrière, et il devra faire ensuite, selon l'indication du sens commun, tout ce qu'il convient pour les mettre à la disposition de l'acquéreur.

La sanction de l'obligation de délivrer ne se ramène

pas, en général, à de simples dommages-intérêts ; quand le contrat porte sur un corps certain, ce qui est notre cas, le créancier est fondé à réclamer des tribunaux la faculté de se mettre lui-même en possession de la chose par l'emploi de la force publique (1).

Mais revenons à la translation de la propriété par l'effet du contrat.

Dès que le contrat est formé, en même temps que la propriété passe à l'acquéreur, la chose elle-même passe à ses risques, c'est-à-dire que, si elle vient à être détériorée ou même détruite par un cas fortuit ou une force majeure, entre les mains de celui qui, tout dessaisi qu'il est de la propriété, a encore à conserver et à délivrer la chose (débiteur), c'est tant pis pour l'acquéreur (créancier) qui, de son côté, n'en sera pas moins tenu, comme débiteur du prix, par exemple, d'acquitter sa propre obligation (2).

(1) On dit, en langage d'école, par la main militaire, *manu militari.*

(2) Les rapports qu'engendre le droit sont souvent fort compliqués, et il faut s'habituer, en droit, à voir la même personne cumuler plusieurs qualités, et parfois même, selon le point de vue sous lequel on la considère, cumuler deux qualités contraires.

Ainsi, dans la vente d'un corps certain, d'une maison, par exemple, intervenue entre Pierre et Paul, Pierre se trouve instantanément dessaisi de la propriété de la maison et est *débiteur* de la conservation et de la délivrance de la maison en question envers Paul qui, de son côté, est devenu à la fois *propriétaire* de cette maison et *créancier* de sa conservation et de sa délivrance.

Qu'il s'agisse du prix, et les rôles seront renversés. Pierre,

Ne pas confondre, d'ailleurs, le risque avec la faute ; la faute est un fait qui engage la responsabilité de la personne, au lieu que le risque procède d'un fait étranger à toute idée de responsabilité.

Toutefois, cette règle, que les risques sont pour l'acquéreur d'un corps certain dès le moment de la formation du contrat, ne s'applique que dans les contrats purs et simples ou à terme ; elle n'a pas lieu dans les contrats conditionnels, parce que, à la différence du terme, la condition, comme on le verra, tient en suspens la naissance même du droit (1).

Enfin, s'agit-il de contrats purs et simples et à terme, si le débiteur est, d'après les règles du droit (*voir p.* 55), en retard d'acquitter son obligation de délivrer, s'il est, selon la langue technique, en *demeure* d'acquitter cette obligation, les choses changent ; comme la demeure est une faute, on met les risques à la charge du débiteur, sauf le cas où il prouverait que la chose se serait également détériorée ou aurait également péri chez le créancier.

Voilà pour ce qui concerne les rapports des deux cocontractants l'un avec l'autre, quand le contrat porte sur un corps certain (2).

le *débiteur* de la chose, est le *créancier* du prix, et le *débiteur* du prix, c'est Paul, le *créancier* de la chose.

(1) Le terme est un événement *futur* et *certain* : au 15 juin prochain.

La condition est un événement *futur* comme le terme, mais *incertain* : si la prochaine récolte est bonne.

(2) En même temps qu'aucuns textes dans le Code Napoléon ne dépassent en obscurité ceux dont nous venons de

Mais l'individu ne peut faire un acte juridique quelconque sans qu'immédiatement se trouvent modifiés les milliers de liens qui le rattachent à la société, sans qu'aussitôt se pose la question des droits et des intérêts des autres, des *tiers*, par rapport à cet acte. D'où le point de savoir si la propriété transférée par le seul effet du contrat dans les rapports des parties l'une avec l'autre l'est également vis-à-vis des *tiers*.

D'après nos lois, il faut [d'abord distinguer, à cet égard, entre les immeubles et les meubles.

Pour les immeubles (loi du 23 mars 1855), le transfert de la propriété vis-à-vis des tiers ne peut résulter du seul fait du contrat ; il faut, comme il est logique et bon, que les tiers soient prévenus de l'existence de ce contrat et du transfert de la propriété ; or, chez nous, c'est par une reproduction du contrat sur des registres

reproduire le fond, aucuns, dans le Code de la Convention, n'étaient si simples et si clairs ; ils ne peuvent qu'élucider encore et compléter nos propres explications. Voici donc quelles dispositions portait sur ces points le Code de la Convention :

« Du moment que le contrat est formé, la propriété passe à l'acheteur ; jusqu'au temps de la livraison, le vendeur doit lui conserver la chose ; si elle périt dans l'intervalle, sans qu'il y ait faute de ce dernier, la perte est tout entière pour l'acheteur.

« Si l'acheteur est en retard d'enlever, le soin de conserver la chose n'appartient plus au vendeur, et, si elle périt par défaut de soins, la perte n'en est pas moins pour l'acheteur. »

Le seul tort des rédacteurs du Code de la Convention, tort de méthode seulement, avait été de placer ces articles dans le titre particulier de la vente, au lieu de les inscrire en tête de la matière des contrats.

publics que le contrat et le transfert de la propriété sont portés à la connaissance des tiers.

Cette reproduction s'appelle la *transcription* (1).

Pour les meubles, et l'on sait que, sous cette expression, on comprend même les créances en tant qu'elles ont pour objet des sommes d'argent, des meubles, pour les meubles donc, il faut de nouveau distinguer entre les meubles en général et les créances (2).

S'agit-il des meubles en général, le Code n'exige aucun fait de publicité pour avertir les tiers du déplacement de la propriété ; il abandonne l'antique, et ici fort rationnelle, doctrine de la nécessité de la tradition à faire à l'acquéreur pour prévenir les tiers ; il veut que l'effet de translation de la propriété par le seul consentement des parties opère vis-à-vis de tous.

Mais une complication peut surgir ; supposons que le vendeur, nous citons le cas de la vente comme étant le plus fréquent, supposons donc que le vendeur, au lieu de livrer la chose à l'acheteur, premier en date, la livre à un second, à un troisième et même à un quatrième ; ce qui va se produire, c'est que ce sera ce

(1) La transcription se fait au bureau de la conservation des hypothèques.

C'est à une loi de la Révolution, à la loi du xi brumaire an VII, que remonte l'origine de la transcription.

La Révolution avait, en effet, compris que la publicité de la transmission des droits réels était la condition indispensable de la libre circulation des immeubles et de la fondation du Crédit foncier.

La loi nouvelle du 23 mars 1855 laisse beaucoup à redire.

(2) En droit, on appelle les créances des meubles *incorporels* par rapport aux autres meubles, qui sont les *corporels*.

second, ce troisième ou quatrième acheteur, pourvu cependant qu'il soit personnellement de bonne foi, qui aura les préférences de la loi et deviendra propriétaire.

A quoi tient un pareil résultat ?

A l'intervention et à l'application d'un nouveau principe du Code civil, celui de la prescription instantanée des meubles (1).

Que s'il s'agit de créance, le droit passe bien du cédant (créancier) au cessionnaire (acquéreur) par le seul consentement des parties ; mais, à l'égard des tiers, le cessionnaire n'est saisi que par la signification de la cession faite au débiteur ou par l'acceptation de cette cession par le débiteur, laquelle doit être constatée

(1) La prescription *acquisitive* (il y en a une autre, la *libératoire*, que nous aurons à expliquer plus loin), c'est un fait de possession qui, par la volonté de la loi et aux conditions posées par elle, rend une personne propriétaire.

Parmi ces conditions, il s'en trouve une qui est que le meuble ne soit pas volé et qui pourrait paraître — à des esprits mal préparés — faire défaut dans notre cas.

Car, enfin, cet individu qui a vendu successivement le même meuble à un, deux, trois, quatre autres, et qui, nous pouvons le supposer, a reçu le prix de ce meuble de tous ses acquéreurs successifs, s'il le livre au quatrième au détriment des trois autres, franchement, ce n'est pas un parfait honnête homme, et d'aucuns, sans penser médire, le traiteraient de voleur.

Ceux-là se tromperaient ; cet homme, en droit, a commis un abus de confiance et non pas un vol, et l'abus de confiance n'est pas, comme le vol, un obstacle à la prescription instantanée.

dans un acte *authentique* (1) ou sous-seing privé ayant date *certaine* (2).

SECTION II

EFFETS DU CONTRAT EN TANT QUE PRODUISANT DES OBLIGATIONS.

Nous nous plaçons maintenant dans l'hypothèse où le contrat, au lieu de porter sur une chose déterminée dans son individu, sur un corps certain, porte sur une chose indéterminée à l'effet d'obliger l'une des parties à transférer la propriété à l'autre, c'est-à-dire, selon le langage reçu, produit une obligation de *donner*, ou bien encore produit une obligation de *faire* ou de *ne pas faire*.

Pour nous conformer, autant que possible, aux divisions du Code civil, nous étudierons :

1º Spécialement les obligations de *donner*, de *faire* ou de *ne pas faire;*

2º Les dommages-intérêts résultant de l'inexécution des obligations contractuelles en général;

3º Les diverses espèces d'obligations contractuelles.

(1) Un acte *authentique*, c'est-à-dire un acte passé devant un officier public compétent et dans les formes requises. Ici, l'officier public compétent, c'est le notaire.

(2) La date *certaine*, en droit, c'est la date opposable aux tiers, et la manière pratique de donner date certaine à un acte, c'est de le faire enregistrer.

1º *Obligations de donner, de faire ou de ne pas faire.*

Obligation de donner. — L'obligation de *donner* ou obligation de *transférer la propriété*, le *droit réel*, suppose, nous le savons, un contrat portant sur une chose indéterminée ; c'est le cas, par exemple, de la vente d'un bœuf à prendre dans mes étables.

Dans la pratique, l'obligation de transférer la propriété est acquittée en même temps que l'obligation de délivrer ; aussi, quand le contrat porte sur une chose indéterminée, a-t-on pris l'habitude de ne pas distinguer le transfert de la propriété de la délivrance ; toutefois, c'est là une confusion que ne saurait avouer la théorie et qui peut fort bien ne pas toujours avoir lieu en pratique ; car rien n'empêche que l'obligation de transférer la propriété, laquelle obligation n'a besoin pour être acquittée que de la détermination de la chose, ne reçoive son accomplissement avant celle de délivrer qui exige une remise effective.

Mais si, dans le contrat, portant sur une chose indéterminée, l'obligation de transférer et celle de délivrer restent, au moins théoriquement, distinctes, en revanche, dans ce même contrat, l'obligation de conserver disparaît forcément ; on ne saurait, en effet, comprendre une obligation de conserver s'appliquant à une chose indéterminée.

On exprime la même idée sous une autre forme, en disant que les *genres ne périssent pas.*

Cela revient à dire que, dans les contrats portant sur une chose indéterminée, le débiteur ne peut jamais, pour se prétendre libéré, alléguer que la chose a péri par cas fortuit ; car on ne connaît pas cette chose, et il faudrait que tout le genre auquel elle appartient eût péri ; le débiteur d'une chose indéterminée est donc, à cet égard, dans une moins bonne situation que le débiteur d'un corps certain.

La sanction de l'obligation de transférer la propriété, de même que celle de l'obligation de livrer, ne consiste pas, en général, en simples dommages-intérêts : le créancier peut obtenir des tribunaux la faculté de se procurer la chose aux frais du débiteur.

Obligation de faire ou de ne pas faire. — Le principe légal, pour ces obligations, est que le débiteur ne saurait être personnellement contraint à les exécuter ; mais, d'une part, lorsqu'il s'agit de l'obligation de faire, le débiteur peut, d'après le Code, être autorisé par les tribunaux à faire exécuter lui-même l'obligation aux dépens du débiteur, et, d'autre part, lorsqu'il s'agit d'une obligation de ne pas faire, il peut se faire autoriser par les tribunaux à détruire, aux dépens du débiteur, ce qui a été fait contrairement à la convention : le tout, sans préjudice de dommages-intérêts, s'il y a lieu.

Comme exemple d'une obligation de faire où le créancier pourrait, en cas d'inexécution, se procurer, au moins par une sorte d'équivalence, l'exécution effective de l'obligation, on peut citer le cas suivant : j'ai stipulé d'un peintre qu'il ferait le portrait de mon enfant ; le peintre s'y refuse et je demande à ce que tel autre peintre soit chargé de faire le portrait, aux frais du premier.

Mais combien n'est-il pas plus simple alors de s'en tenir à une demande de dommages-intérêts !

*2° Dommages-intérêts résultant de l'inexécution des obligations
contractuelles en général (1).*

Le mot *dommages-intérêts* indique, disait Pothier, la
perte que quelqu'un a faite et le gain qu'il a manqué de
faire.

D'après le Code, le débiteur est tenu de payer des
dommages-intérêts au créancier, soit à raison du retard qu'il apporte à exécuter son obligation, soit à
raison de l'inexécution de son obligation.

Or, l'on voit que le premier cas rentre, en réalité,
dans le second.

Cependant, les auteurs distinguent, sous le nom de
moratoires, les dommages-intérêts qui se rapportent au
premier cas ; sous le nom de *compensatoires*, ceux qui
se rapportent au second.

Le droit du créancier à des dommages-intérêts suppose toujours une faute de la part du débiteur ; la faute
suffit d'ailleurs, fût-elle absolument exempte de mauvaise foi.

Ces prémisses posées, il faut savoir que, d'après le
Code civil, sinon d'après les données économiques et
rationnelles, il y a lieu de distinguer, tant au point
de vue de la demeure que des bases de la fixation du
montant des dommages-intérêts, les obligations n'ayant
pas pour objet une somme d'argent de celles ayant
pour objet une somme d'argent (2).

(1) Les règles que nous allons exposer s'appliquent aussi
en cas d'inexécution d'obligations quasi-contractuelles.

(2) L'argent, pour être l'étalon ou le mètre de la valeur,

Obligations n'ayant pas pour objet une somme d'argent.

La *demeure*, le retard juridique, dans les obligations de cette sorte, résulte en principe, d'après le Code civil, d'une sommation ou d'un autre acte équivalent, tel que la demande en justice (assignation), la citation en conciliation devant le juge de paix suivie d'une demande en justice, etc.

Par exception, la seule échéance du terme constitue le débiteur en demeure :

1º Lorsque la loi en a ainsi disposé ;

2º Lorsque les parties en sont formellement convenues;

3º Lorsque l'obligation ne pouvait être exécutée que dans un certain temps que le débiteur a laissé passer.

Ajoutons, à l'égard des obligations de ne pas faire, que la nature même de ces obligations exclut l'idée de demeure, à moins qu'on ne dise, par une sorte de jeu de mots, que l'on se met en demeure par cela seul que l'on fait.

Quant aux bases de la fixation des dommages-intérêts, elles diffèrent, selon que c'est par la simple faute ou par le dol du débiteur que l'obligation n'est pas exécutée.

Si c'est par sa faute, le débiteur n'est tenu que des dommages-intérêts, qui, dit la loi, ont été prévus, ou qu'on a pu prévoir lors du contrat.

n'en est pas moins essentiellement une *marchandise*. C'est ce que les rédacteurs du Code ont constamment méconnu dans les dispositions relatives aux dommages-intérêts.

On suppose qu'il y a eu à cet égard, au moment même de la formation du contrat, une sorte de *clause accessoire* sous-entendue entre le débiteur et le créancier.

S'il y a dol du débiteur (il faut entendre ici le dol comme signifiant simplement la mauvaise foi), le débiteur est tenu de tous les dommages-intérêts qui sont une suite de l'inexécution de l'obligation, pourvu cependant qu'ils en soient une suite *directe* et *immédiate*.

Éclaircissons cette proposition au moyen de l'exemple traditionnel :

Un marchand me vend une vache, qu'il sait être affectée d'une maladie contagieuse, et il dissimule ce vice ; la vache communique sa maladie à mes bœufs ; le marchand est responsable du dommage que j'ai souffert, non seulement dans la vache qu'il m'a vendue, mais aussi dans mes bœufs.

Mais, poussons plus loin. Supposons qu'à cause de la maladie de mes bœufs, je n'aie pu faire mes labours, et qu'ayant été, à raison de cette circonstance, privé de toutes mes récoltes habituelles, je tombe en faillite ou en déconfiture, le marchand n'a point à m'indemniser du manque de mes récoltes, ni à plus forte raison des conséquences funestes qu'il a eues pour moi.

Il est douteux que, nonobstant cet exemple, les tribunaux y voient toujours bien clair et que le plus souvent ils ne fassent pas le calcul à leur guise ; aussi le meilleur conseil à donner aux parties est-il de régler elles-mêmes à l'avance le montant des dommages-intérêts.

Ce règlement anticipé porte le nom de *clause pénale*, et les tribunaux n'ont pas le droit de le modifier (1).

Obligations ayant pour objet une somme d'argent.

Le Code civil semble admettre moins facilement la demeure pour les obligations de sommes d'argent que pour toutes les autres, car, en principe, il ne veut pas que pour ces obligations la simple *sommation* (2) suffise, et c'est une *demande en justice* (3) qu'il exige; mais il arrive ensuite à consacrer tant et de si notables et de si radicales exceptions que, finalement, on se convainc bien vite que sa sévérité n'est que d'apparence.

La règle, disons-nous, c'est ici la demande en justice; seulement, il y a deux séries d'exceptions :

Dans certains cas, la sommation suffit, comme pour les autres obligations ;

Dans d'autres cas, non les moins nombreux, en fait, ni les moins importants, les intérêts courent de plein droit.

(1) Du reste, nous avouons mal comprendre qu'en matière de dommages-intérêts on distingue la faute du débiteur de son dol ; ce qu'il y aurait, à nos yeux, uniquement à considérer, c'est la perte éprouvée par le créancier, le gain dont il a été privé.

Il est vrai que ce principe ne peut guère avoir qu'une valeur théorique et qu'il ne laisserait pas moins entières pour chaque cas les difficultés de la fixation des dommages-intérêts.

De là, l'utilité de la clause pénale.

(2) On appelle *sommation* un acte d'huissier n'ayant pour but que la mise en demeure.

(3) La *demande en justice* est un acte d'huissier qui tend à organiser une instance et à obtenir un jugement.

Parmi les premiers, citons :

Le cas où le mineur est reliquataire envers le tuteur ;

Le cas où l'acheteur d'une chose non frugifère est en retard de payer son prix.

Parmi les seconds, mentionnons :

Le cas où le tuteur est reliquataire envers le mineur ;

Le cas où l'acheteur d'une chose frugifère (1) est en retard de payer son prix ;

Le cas où la caution paye pour le débiteur principal ;

Le cas où un associé devait apporter une somme dans la société et ne l'a pas fait (2).

D'autre part, dans les obligations de sommes d'argent et en tant qu'il s'agit de matières civiles, le taux des dommages-intérêts est fixé par la loi d'une manière invariable.

De plus, le créancier, pour obtenir ces dommages-intérêts, n'est tenu de justifier d'aucune perte ni d'aucun manque de gain, et, de son côté, le débiteur n'est pas

____

(1) La distinction des choses non frugifères et des choses frugifères est une erreur économique ; un piano dont on se sert ou qu'on peut louer produit tout aussi bien son utilité que le champ sur lequel on se promène ou qu'on peut ensemencer.

(2) Il eût beaucoup mieux valu établir pour les obligations de sommes d'argent la même règle générale de mise en demeure que pour les autres obligations et ne pas multiplier les cas où les intérêts courent de plein droit, car, outre l'inconvénient de multiplier les exceptions, il y a celui plus positif de grever les parties à leur insu.

recevable à fournir la preuve que le créancier n'a souffert aucun préjudice (1).

Le taux légal est celui de l'intérêt des prêts d'argent en matière civile, c'est-à-dire 5 0/0.

Cette fixation étant, d'ailleurs, réputée d'ordre public, les parties ne peuvent l'écarter au moyen d'une clause pénale, et, si elles le font, la clause pénale doit être réduite (2).

Cependant, il y a quelques cas où les dommages-intérêts peuvent dépasser les intérêts légaux.

Tels sont, en particulier :

Au profit de la caution, le cas où celle-ci a payé pour le débiteur principal ;

Au profit de la société, le cas où l'un des associés

---

(1) Aussi les auteurs disent-ils que, dans les obligations de sommes d'argent, les intérêts sont, en principe, des intérêts *moratoires*.

Néanmoins, le Code lui-même, comme nous allons le voir, a admis certains cas de dommages-intérêts *compensatoires*.

(2) C'est toujours la même erreur sur la nature de l'argent. Et cette erreur est encore accréditée, cette erreur dure encore même dans nos lois ! Cependant, il y a plus d'un siècle que, dans son *Mémoire sur les prêts d'argent*, Turgot l'a détruite à fond.

Puis, qu'est-ce que ce forfait supposé entre le débiteur et le créancier, et y a-t-il raison et justice à assimiler à la personne qui prête tout volontairement de l'argent, sachant qu'elle ne peut stipuler un intérêt supérieur à 5 0/0, celle qui, créancière d'une somme d'argent, compte recevoir cette somme à une date fixe, et, malgré elle, se voit obligée de proroger l'échéance ?

A l'inverse, il n'est pas impossible que le dommage souffert par cette dernière n'égale pas le taux de 5 0/0.

devait apporter une somme dans la société et ne l'a point fait (1).

Capitalisation des intérêts (2).

Dans cette matière, le Code civil continue de fausser les principes économiques (3), et voici la règle que, d'après l'interprétation des auteurs, il pose :

Il admet bien que la capitalisation des intérêts puisse avoir lieu, soit en vertu de la convention des parties, soit en vertu d'une demande en justice, mais à deux conditions :

La première, que les intérêts qu'il s'agit de capitaliser soient des intérêts échus ;

La seconde, que ces intérêts soient dûs, au moins pour une année entière.

Cependant, comme la formule de la loi est fort obs-

---

(1) On voit, finalement, combien ce sujet est rempli de distinctions, et, par suite, difficile à pénétrer pour le plus grand nombre.

Ce serait tarir une des sources principales de ces difficultés que de supprimer, en principe, toute différence entre les obligations de sommes d'argent et les autres.

Ce serait, en outre, établir la seule règle législative utile, quant à l'évaluation du montant des dommages-intérêts, que de reprendre l'article, ainsi conçu, du Code de la Convention :

« Si l'obligation n'est pas exécutée ou ne l'est pas en temps opportun ou convenu, elle se résout en dommages-intérêts qui sont arbitrés en justice, s'il s'agit de choses sommaires, ou estimés par experts dans les autres matières. »

(2) La capitalisation des intérêts porte aussi le nom d'*anatocisme*, des mots grecs ἀνα, qui marque redoublement, et τόκος, usure.

(3) C'est-à-dire, d'oublier que l'argent est une marchandise.

cure, les tribunaux ont une opinion différente de celle des auteurs, et sont d'avis que ce n'est que pour la demande en justice que les deux conditions, ci-dessus indiquées, sont nécessaires ; quant à la convention, ils décident :

Que les parties ont le droit de convenir d'avance que les intérêts, à mesure qu'ils seront échus d'année en année, seront productifs d'intérêts ;

Que les parties ont le droit de convenir que les intérêts, échus et dûs au moment de la convention pour moins d'une année, seront productifs d'intérêts.

Enfin, le Code civil lui-même, aussi bien pour la demande en justice que pour la convention, va jusqu'à écarter la seconde de ces deux conditions, — la nécessité que les intérêts soient dûs pour une année entière, — lorsqu'il s'agit de certains revenus qu'il énonce et parmi lesquels figurent, en particulier, les fermages des biens ruraux et les loyers des maisons (1).

(1) Mais quelle différence y a-t-il entre l'homme qui emploie son capital à acheter une terre ou une maison et qui ensuite loue cette terre ou cette maison, et l'homme qui prête directement son capital moyennant un certain intérêt ? Quelle ombre de raison y a-t-il pour traiter le premier moins mal que le second, et pourquoi ne pas leur laisser à tous deux la liberté de s'arranger entre eux comme ils l'entendent ?

Certes, dans la masse de nos lois qui se rapportent à la distribution du capital, il y en a bien d'autres à reprendre que celle-là ; il y a à reprendre toutes celles qui ne tendent pas, d'après une doctrine de justice, à la diffusion du capital ; mais ce n'est point en imposant au capital des règles arbitraires, en créant entre les terres, les maisons et l'argent des distinctions sans fondement qu'on peut remédier à aucun mal.

3º *Des diverses espèces d'obligations contractuelles.*

Les obligations contractuelles comportent un grand nombre de *modalités* ou manières d'être ; nous n'insisterons que sur les principales, en faisant remarquer que plusieurs peuvent affecter le droit *réel* né d'un contrat, aussi bien que le droit *personnel*.

Obligations pures et simples, à terme, et sous condition.

Obligation pure et simple. — L'obligation pure et simple est celle qui naît immédiatement du contrat et qui est immédiatement exigible.

Exemple : Je m'engage à vous payer 1,000 francs sur l'heure.

A l'obligation pure et simple, on oppose l'obligation à terme et l'obligation sous condition.

Obligation à terme. — Le terme consiste dans un événement *futur* et *certain* qui suspend l'*exigibilité* de l'obligation ou bien en limite la durée.

Premier exemple : Je m'engage à vous payer mille francs au 15 juin prochain.

Dans ce cas, le terme, sans suspendre l'existence de l'obligation (je dois dès ce jour les 1,000 francs), en suspend l'exigibilité.

C'est le cas du terme le plus habituel, le cas du terme *suspensif*.

Second exemple : Je m'engage à vous payer 100 francs par mois jusqu'au 15 juin prochain.

Dans ce cas, le terme limite la durée même de l'obligation au 15 juin.

C'est le cas du terme *extinctif*.

La théorie du terme suspensif, seul important à examiner, se résume dans les règles principales suivantes :

1º *Qui a terme ne doit rien*, dit un adage populaire, lequel n'est exact que quant à l'exigibilité de l'obligation, et entraîne, d'autre part, cette conséquence que si, par erreur, le débiteur paie avant l'échéance, il a le droit de répéter ce qu'il a payé.

2º Comme, malgré le terme, la dette existe dès le moment du contrat, le créancier est, dès ce moment, fondé à exercer tous les actes conservatoires de son droit.

3º Si l'obligation a pour objet un corps certain, bien qu'elle soit à terme, les *risques*, comme nous le savons déjà d'ailleurs, sont pour le créancier.

Ainsi, je vous vends à ce jour ma maison, livrable dans un mois ; ma maison est détruite pour partie ou pour le tout dans l'intervalle ; vous, créancier de la délivrance de ma maison, vous ne m'en devrez pas moins le prix convenu.

4º Le débiteur perd le bénéfice du terme et son obligation devient pure et simple :

Lorsqu'il a fait faillite ou est tombé en déconfiture ;

Lorsqu'il n'a pas fourni à son créancier les sûretés spéciales qu'il lui avait promises, ou qu'il a diminué celles qu'il lui avait données par le contrat.

Si cependant l'atteinte à la sûreté résulte, non du fait du débiteur, mais d'un cas fortuit, le débiteur ne peut être contraint au remboursement que faute par lui de fournir au créancier de nouvelles sûretés suffisantes.

Obligation sous condition. — La condition est un événement *futur* et *incertain* auquel est subordonnée l'*existence* ou la *résiliation* de l'obligation.

La condition est *suspensive* lorsqu'elle suspend l'existence de l'obligation ; *résolutoire,* lorsqu'elle en suspend la résiliation.

Exemple de condition suspensive : Je m'engage à vous payer 1,000 francs, si la prochaine récolte est bonne.

Exemple de condition résolutoire : Je m'engage à vous payer sur l'heure 1,000 francs ; mais mon obligation sera non avenue, si la récolte est mauvaise.

Nous n'entrerons pas dans le détail des nombreuses distinctions qui peuvent s'appliquer aux conditions, soit suspensives, soit résolutoires ; nous nous bornerons à en citer quelques-unes.

Les conditions sont :

Positives ou *négatives*, suivant qu'elles doivent se réaliser, si tel événement arrive ou n'arrive pas. (Nous verrons tout à l'heure l'utilité de cette distinction.)

Potestatives ou *pures potestatives,* suivant que l'exécution de la convention, dit le Code, dépend d'un événement qu'il est au pouvoir de l'une des parties de faire arriver ou d'empêcher, ou que la condition dépend uniquement de la volonté de l'une des parties.

Dans les contrats à titre onéreux, la loi annulle l'obligation contractée sous une condition purement potestative de la part de celui qui s'oblige.

Exemple : Je vous paierai, si je veux.

Dans les donations, la loi va plus loin ; il suffit que la condition qui affecte la donation, sans être pure potestative, soit potestative, pour qu'elle affecte la donation de nullité.

Exemple : Je vous donne, si je vais à Rome (1).

Possibles ou *impossibles*, suivant que leur accomplissement est ou non physiquement ou juridiquement impossible.

Exemple de condition juridiquement impossible : Si vous émancipez votre fils à douze ans.

Il ne faut pas confondre les conditions juridiquement impossibles avec les conditions *contraires aux bonnes mœurs* ou *à la loi*.

Dans les contrats à titre onéreux, est nulle l'obligation contractée sous une condition physiquement ou juridiquement impossible, lorsque cette condition est positive.

Au contraire, la condition physiquement ou juridiquement impossible, lorsqu'elle est négative, ne porte aucune atteinte à la validité de l'obligation.

Dans les donations, que la condition physiquement ou juridiquement impossible soit positive ou négative, elle est réputée non écrite et n'annulle pas la donation.

Enfin, quant aux conditions consistant dans un fait contraire aux bonnes mœurs ou à la loi, qu'elles soient positives ou négatives, elles annullent ou laissent subsister le contrat, selon que le but poursuivi par la partie qui a imposé la condition rend ou ne rend pas immoral ou illicite le contrat lui-même.

(1) Il serait médiocre, le péril qu'il y aurait à effacer en ce point la distinction de la donation d'avec le contrat à titre onéreux.

Notons que, lorsqu'une personne est obligée sous une certaine condition, et que, par sa faute, elle empêche cette condition de s'accomplir, la condition est réputée accomplie ; mais il en est autrement, lorsqu'en l'empêchant de s'accomplir, le débiteur n'a fait qu'exercer un droit.

Effets de la condition suspensive. — Bien que, dans le cas de cette condition, le droit du créancier à l'objet du contrat soit en suspens tant que la condition n'est pas réalisée, cependant le créancier a *un droit au droit* qui est susceptible de prendre ultérieurement naissance, et, la condition une fois accomplie, le droit à l'objet du contrat est réputé remonter au jour où le contrat s'est formé. C'est là ce qu'on nomme la *rétroactivité* de la condition suspensive.

De ce qu'il existe un droit pour le créancier pendant que la condition est en suspens, il résulte :

1º Que ce droit est susceptible de se transmettre activement et passivement, c'est-à-dire aux héritiers du créancier et aux héritiers du débiteur ;

2º Que le créancier peut, avant que la condition soit accomplie, exercer tous les actes conservatoires de son droit.

De ce que la condition, une fois accomplie, produit un effet rétroactif, il résulte :

1º Que tous les droits, consentis avant l'accomplissement de la condition par le débiteur sur la chose promise, s'évanouissent ;

2º Que tous les droits, consentis avant l'accomplissement de la condition par le créancier sur cette même chose, se trouvent confirmés.

Quant aux fruits perçus par le débiteur conditionnel, doit-il les restituer avec la chose au créancier, lorsque la condition s'accomplit ?

En pure logique, il faut répondre affirmativement, puisque, par l'accomplissement de la condition, la chose est réputée avoir appartenu au créancier dès le moment du contrat ; mais c'est avant tout l'intention des parties qu'il faut chercher.

En somme, il apparaît bien clairement, malgré la subtilité de l'idée en soi, que, toutes les fois que le contrat affecté d'une condition suspensive est par lui-même translatif d'un droit réel, c'est-à-dire, en général, porte sur un corps certain, l'événement qui fait naître le droit de l'un anéantit le droit de l'autre, c'est-à-dire que la condition qui est suspensive pour l'un est nécessairement résolutoire pour l'autre.

Ainsi, je vous vends ma maison, si la prochaine récolte est bonne ; par conséquent, l'événement de la récolte, si la récolte est bonne, fera en même temps naître votre droit et évanouir le mien, c'est-à-dire, d'une façon plus explicite encore, qu'il y aura eu jusqu'à cet événement deux propriétés superposées : l'une, sous condition résolutoire existant à mon profit, à moi vendeur ; l'autre, sous condition suspensive, existant à votre profit, à vous acheteur, et que l'événement de la récolte, si elle est bonne, en plaçant purement et simplement la propriété sur votre tête, en la détruisant sur la mienne, aura même cet effet de reporter, au moment du contrat, le commencement de votre droit et l'extinction du mien.

Quant aux risques, aux détériorations ou aux destructions provenant de cas fortuits ou de cas, de force majeure, nous savons déjà que, dans l'obligation conditionnelle, ils sont pour le débiteur de la chose, ce qui signifierait pour le vendeur, en reprenant l'hypothèse précédente.

En effet, si la maison est détruite, l'acheteur est libéré de sa propre obligation, il n'a point à payer le prix ; si la maison est simplement détériorée, l'acheteur est encore libre de faire supporter au vendeur les conséquences de ces détériorations, car, d'après le Code, il a le droit de résoudre le contrat ; seulement, s'il n'use pas de ce droit, il est tenu de prendre la chose sans diminution de prix.

Quant aux améliorations, le créancier de la chose, l'acheteur, en profite toujours (1).

Effets de la condition résolutoire. — En tant que la condition résolutoire est du côté du créancier de la chose, elle ne suspend pas l'exécution de l'obligation de l'autre partie ; ainsi, je vous vends ma maison, mais à la condition que j'aurai le droit de la racheter dans un intervalle de cinq ans (2) ; cette condition, évidemment, n'empêche pas que je ne doive vous livrer ma

----

(1) Tout cela n'est guère harmonique.

Pothier disait, d'après le droit romain : « Si la chose existe au temps de l'accomplissement de la condition, l'accomplissement de la condition a cet effet que la chose est due en l'état où elle se trouve ; le créancier profite de l'augmentation survenue en la chose, si elle est augmentée, et il souffre de la détérioration et diminution qui y est survenue, pourvu que ce soit sans la faute du débiteur. »

(2) C'est ce qu'on appelle la vente à pacte de *réméré* (de rachat).

maison tout de suite ; tant que la résolution est en suspens, mon obligation doit être acquittée comme une
obligation pure et simple ; mais l'accomplissement de
la condition obligera le créancier, l'acheteur, devenu à
son tour débiteur de la maison, de restituer cette maison, car il naîtra alors une obligation inverse de celle
qu'avait engendrée le contrat.

Du reste, que la condition résolutoire soit du côté du
créancier originaire de la chose, l'acheteur, ou du côté
du débiteur originaire, le vendeur, il y a toujours,
comme nous l'expliquions tout à l'heure, deux propriétés superposées jusqu'à l'événement de la condition ; mais, quand c'est l'acheteur qui devient propriétaire sous une condition résolutoire, c'est forcément le
vendeur qui sera propriétaire sous la condition suspensive consistant dans le même événement. Ainsi,
dans l'exemple de la maison que j'aurais vendue à
pacte de reméré, en même temps que la propriété de
mon acheteur sera résolue, même rétroactivement, si
je rachète, la mienne revivra, comme propriété unique,
même rétroactivement, ou plutôt, aux yeux du droit,
elle n'aura jamais cessé d'exister, comme propriété
unique (1).

(1) Cette superposition de deux droits de propriété sur un
même objet est dans la logique des choses et partant inévitable, quand la condition suspensive est du côté de l'acheteur ;
mais, quelques difficultés que peut présenter pour ce cas
la subtilité du droit, les inconvénients pratiques sont presque
nuls, parce qu'ils ne pourraient se manifester que pour les
ventes d'immeubles et que les ventes d'immeubles, faites sous
une condition suspensive, sont rares.

Quant à la condition résolutoire, du côté de l'acheteur, et,

On voit, du reste, qu'il n'y a pas lieu de s'occuper de la question des risques pour la condition résolutoire spécialement; cette question se trouve toute tranchée par ce que nous en avons dit pour la condition suspensive, et nous n'avons qu'à rappeler que le débiteur (éventuel) de la chose supporte les risques.

Mais ce n'est point assez qu'en dehors de la condition résolutoire qui s'impose comme contre-partie de la condition suspensive du côté de l'acheteur, le Code civil ait admis la condition résolutoire, expressément stipulée, du côté de l'acheteur (condition résolutoire expresse), il a admis une résolution tacite particulière, qui s'applique à tous les contrats synallagmatiques et qui consiste en ce que chacune des parties peut invoquer la résolution de ces contrats pour le cas où l'autre ne satisfait point à ses obligations.

C'est cette condition-là qui, en mettant aux mains du créancier une action même réelle, c'est-à-dire même susceptible d'être exercée contre les tiers, est si dommageable à la propriété et au crédit sur les immeubles (1).

dans les ventes d'immeubles en particulier, comme toutes les ventes, en principe, ainsi que nous allons le voir, renferment cette condition au moins virtuellement, il en résulte que nombreux sont les cas où la condition résolutoire, du côté de l'acheteur, produit ses fâcheux effets.

(1) Disons, toutefois, qu'on a essayé, au moyen d'une certaine mesure de publicité, de pallier pour le principal cas, celui où l'acheteur d'un immeuble manque de payer au vendeur le prix de l'immeuble, les dangers de l'action réelle en résolution ; mais le palliatif en question entame à peine notre critique.

Occupons-nous d'abord de la condition résolutoire expresse, qui est, d'ailleurs, peu importante en pratique.

La condition résolutoire expresse s'accomplit, dit la loi, de *plein droit*.

Cela signifie :

Que la résolution prend date de l'événement de la condition, les tribunaux n'ayant, au besoin, à intervenir que pour vérifier le fait ;

Que la résolution a lieu même malgré la volonté des parties, ce qui fait que toute personne intéressée peut l'invoquer (1).

Quant à la regrettable condition résolutoire sous-entendue dans tous les contrats synallagmatiques, il était impossible que, comme la précédente, elle opérât de plein droit ; aussi :

Il y faut un jugement, et ce n'est qu'à la date de ce jugement que la résolution opère ;

Les tribunaux ont le droit d'accorder au débiteur un delai pour exécuter ses obligations ;

Les tiers intéressés ne peuvent se prévaloir de la résolution.

Dans tous les cas, la partie lésée, soit qu'elle fasse prononcer la résolution, soit qu'elle renonce à la demander, est fondée à réclamer de son cocontractant des dommages-intérêts (2).

---

(1) Cette décision est juste, car les tiers qui ont pris connaissance du contrat ont eu le droit de compter que, dans une hypothèse prévue, la résolution aurait lieu.

(2) Et c'était à ces dommages-intérêts, qui résultent des prin-

Obligations alternatives.

Cette modalité n'offre qu'un bien médiocre intérèt.

En voici le cas :

Je vous ai promis l'immeuble A ou une somme de 10,000 francs.

Sauf convention contraire, le choix appartient au débiteur.

L'obligation alternative revient à une obligation conditionnelle dont la traduction, dans l'espèce précédente, pourrait être celle-ci :

Je vous dois l'immeuble A, si je ne préfère vous devoir 10,000 francs, ou je vous dois 10,000 francs, si je ne préfère vous devoir l'immeuble A.

En somme, l'obligation alternative est une obligation sous condition suspensive, dans laquelle c'est le choix, soit du débiteur en principe, soit du créancier, si on en est convenu, qui forme condition (1).

cipes généraux du droit, qu'il fallait limiter le recours du créancier !

Au surplus, la condition résolutoire particulière, résultant de ce que l'une des parties ne remplirait point ses obligations, peut encore s'aggraver quelque peu si, ne se contentant pas qu'elle soit inscrite dans le Code, les parties l'inscrivent dans leur contrat.

On la nomme alors *pacte commissoire.*

(1) Cette théorie est contestée par un certain nombre d'auteurs, qui considèrent l'obligation alternative comme étant non pas une obligation conditionnelle, mais une obligation portant sur une chose indéterminée.

Si la chose choisie est un corps certain, si, dans notre exemple, c'est l'immeuble A, la propriété rétroagira, au profit du créancier, jusqu'au jour du contrat.

D'où il résultera, en particulier, que tous les: droits consentis par le débiteur sur l'immeuble A, depuis le moment du contrat jusqu'à celui de l'option, s'évanouiront, et que tous les droits consentis dans le même intervalle par le créancier sur l'immeuble A seront confirmés.

De plus, si toujours, comme dans notre exemple, le choix peut porter, soit sur un immeuble, soit sur un meuble, ce n'est qu'après que le choix aura été exercé que l'on saura si l'obligation est immobilière ou mobilière.

Or, ce nouveau point peut offrir un grand intérêt, notamment en ce qui concerne la composition de l'actif et du passif de la communauté dans le contrat de mariage, car les meubles entrent activement et passivement dans la communauté, mais non pas les immeubles.

Obligations facultatives.

De même que la précédente, cette modalité se présente rarement.

En voici un exemple puisé dans le Code et déjà connu de nous : Je vous vends un immeuble, et je me suis lésé, en vous le vendant, de plus des sept douzièmes, c'est-à-dire que le prix que j'ai stipulé de vous est inférieur, de plus des sept douzièmes, à la valeur de cet immeuble ; dans ce cas, j'ai le droit de faire rescinder, annuler la vente ; mais vous, mon acheteur, vous avez la faculté, pour éviter la rescision, de me payer le supplément du prix, sauf à retenir un dixième pour votre bénéfice (1).

L'obligation de l'acheteur, dans l'espèce, se ramène à ceci : mon acheteur me doit l'immeuble, la restitution de l'immeuble, mais il a la faculté, pour ne pas me rendre l'immeuble, de me payer un supplément en argent.

Donc, finalement, dans l'obligation facultative, il n'y a qu'une chose due, avec droit pour le débiteur de se libérer en fournissant une autre chose que la chose due.

Donc aussi, même si ce n'est pas l'immeuble que me rend l'acheteur, et, s'il me paie, à la place, le supplément légal, son obligation n'en reste pas moins immobilière, car elle n'a jamais porté que sur un immeuble.

Obligations solidaires.

Cette théorie est difficile ; nous ne l'exposerons que dans ses points généraux.

Il faut d'abord savoir que la doctrine distingue une solidarité, au point de vue *actif*, qui est la solidarité entre *créanciers*, et une solidarité, au point de vue *passif*, qui est la solidarité entre *débiteurs*.

La solidarité entre *créanciers* ne présentant aucun intérêt pratique et n'ayant été conservée par le Code civil que dans un intérêt de symétrie (2), nous nous

---

(1) Cette décision du Code suppose que l'on peut connaître la valeur en soi d'un immeuble.

Et, comme nous l'avons déjà dit, ce n'est pas le pire reproche à lui adresser.

(2) Encore une tradition du droit romain et dont on a perdu le sens!

bornerons à la définir ; c'est, théoriquement, l'obligation qui existerait au profit de plusieurs personnes et donnerait à chacune d'elles le droit d'exiger pour le tout la même chose du même débiteur, mais de façon que le paiement fait à l'une d'elles libérât le débiteur envers les autres.

L'idée sur laquelle cette solidarité serait fondée, c'est celle d'un mandat que les créanciers se seraient donné les uns aux autres pour ce qui concerne le bénéfice de la créance, c'est-à-dire pour entretenir et augmenter l'obligation.

Bien entendu, le créancier qui aurait touché la totalité de la créance serait tenu de faire raison aux autres du montant de la part à laquelle ils auraient droit.

Passons à la solidarité entre *débiteurs;* celle-là se rencontre fréquemment, et la loi elle-même la suppose ou l'impose dans plusieurs cas.

Par corrélation à ce que nous venons de dire de la solidarité entre créanciers, l'obligation solidaire entre débiteurs est celle qui existe à la charge de plusieurs personnes et qui astreint chacune de ces personnes à payer pour le tout la même chose au même créancier, mais de façon que le paiement fait par l'une d'elles libère les autres.

Exemple : Les débiteurs sont au nombre de quatre, ils doivent solidairement 100,000 francs : le créancier est libre de s'adresser à celui des débiteurs que bon lui semble pour demander le paiement des 100,000 fr.

Et il est clair que le paiement des 100,000 francs, fait par celui qu'il a choisi, libère les autres.

Deux points frappent immédiatement dans l'obligation solidaire entre débiteurs :

D'une part, une même chose est due, les 100,000 fr. dans l'espèce précédente ;

D'autre part, il y a autant de liens rattachant, quant à la chose due, les débiteurs au créancier qu'il y a de débiteurs.

On comprend donc que les différents débiteurs puissent être obligés sous des modalités différentes, les uns, purement et simplement, d'autres à terme, d'autres sous condition.

La solidarité étant extrêmement rigoureuse pour les débiteurs, la loi exige avec raison qu'elle soit établie d'une manière expresse, à moins que ce ne soit, comme nous l'avons déjà dit, le Code lui-même qui l'établisse (1).

D'ailleurs, en tant qu'expresse, la solidarité peut tout aussi bien résulter d'un testament, une personne ayant imposé à ses héritiers de payer des legs solidairement, que d'un contrat.

Parmi les cas où la loi l'établit, nous citerons :

Le cas des associés dans la société dite en nom collectif (2) ;

____

(1) Ce qui ne veut pas dire qu'elle le soit alors en vertu d'une volonté arbitraire, car, si la volonté est arbitraire, le cas est injuste et mauvais.

(2) On appelle société en *nom collectif* celle dans laquelle tous les associés sont connus et font le commerce sous une signature (*raison sociale*) qui les désigne tous, soit nominalement, soit par l'addition des mots : *et compagnie*.

Il est rationnel de penser que, dans cette société, les associés entendent être solidairement tenus des engagements qu'ils contractent.

Celui des locataires, lorsqu'il y a eu incendie du bâtiment loué à plusieurs (1) ;

Celui des individus condamnés pour un crime ou pour un même délit, en ce qui concerne les amendes, les dommages-intérêts et les frais (2).

Mais à quelle idée ramener le fondement de l'obligation solidaire ?

Une seule est saisissable et nette, celle d'un certain mandat que les débiteurs se seraient donné les uns aux autres.

Malheureusement, les auteurs et les tribunaux, tout en admettant, en général, cette base, ne l'acceptent pas pour tous les cas, et les incertitudes, les obscurités de la loi aidant, la casuistique se donne ici carrière (3).

Nous n'examinerons que la solidarité que l'on est d'accord pour rattacher à l'idée du mandat.

Or, avant tout, il importe d'essayer de préciser ce qu'est ce mandat.

Évidemment, l'on ne saurait admettre que les débiteurs se soient donné mandat d'augmenter l'obligation ;

(1) Ce nouveau cas est peu justifiable ; il constitue une garantie exorbitante au profit des propriétaires de maisons.

(2) Les rédacteurs du Code se sont trompés quant aux amendes, car l'amende est une peine ; or, s'il y a quelque chose qui doive être personnel, c'est, assurément, la peine, et il serait tout aussi rationnel, disait un ancien professeur, de déclarer les codélinquants solidaires pour l'emprisonnement ou pour l'échafaud que pour l'amende.

(3) C'est ainsi qu'on est arrivé à distinguer une solidarité *parfaite* et une solidarité *imparfaite;* mais, comme on ne sait à quel principe rattacher l'imparfaite, on ne s'entend pas sur les cas à soustraire à la théorie de la parfaite.

c'est là une chose trop grave, trop contraire aux faits journaliers, pour qu'on puisse la supposer, et il est permis, en conséquence, de commencer par éliminer l'hypothèse d'un mandat à l'effet d'augmenter l'obligation.

Ce premier point résolu, le caractère du mandat sur lequel repose la solidarité des débiteurs devient assez facile à dégager ; quand plusieurs personnes, en effet, consentent à s'obliger solidairement, c'est que ces personnes entendent donner à leur créancier une garantie considérable, la restreignît-on pour le créancier au droit de demander toute la dette à celle qu'il voudra choisir, et il n'est pas téméraire de supposer que, se plaçant à un point de vue d'affaires, les codébiteurs solidaires ne se proposent aussi d'aider, à ce même point de vue, les rapports de leur créancier avec eux.

Aussi, est-il rationnel de présumer que, vis-à-vis des créanciers, les codébiteurs solidaires se sont donné mandat les uns aux autres, au double effet de recevoir les poursuites de ce créancier, et, de plus, tout cas d'extinction réservé, de maintenir, de perpétuer l'obligation.

Telle est la doctrine reçue.

En dehors de la nécessité pour chaque codébiteur de payer le tout, si le créancier le choisit, le Code civil rattache à la solidarité les effets suivants :

1° Si la chose due a péri par la faute ou par le fait d'un des codébiteurs solidaires, tous restent obligés au paiement du prix de la chose ;

2° De même, si la chose a péri par cas fortuit après la mise en demeure de l'un des codébiteurs, tous restent encore obligés au paiement du prix de la chose ;

Mais, dans les deux cas, le créancier ne peut demander de dommages-intérêts qu'au débiteur qui était en faute ou en demeure.

3° Les poursuites dirigées contre un des codébiteurs ou la reconnaissance faite par un des codébiteurs interrompent la prescription à l'égard de tous ;

4° Lorsque l'obligation a pour objet le paiement d'une somme d'argent, la demande en justice formée contre un des codébiteurs fait courir les intérêts à l'égard de tous (1).

Les codébiteurs solidaires ont, au surplus, contre leur créancier, tous les moyens de défense qui appartiennent aux débiteurs non solidaires ; telles sont les causes de nullité, les causes d'annulabilité, les causes d'extinction de l'obligation.

On distingue ces défenses :

En défenses *communes*, celles qui peuvent être invoquées par tous les codébiteurs ; ainsi, toutes les causes de nullité (objet non certain ou illicite, cause inexistante ou illicite, etc.), et un grand nombre de causes d'extinction (paiement, novation, remise de la dette, etc.);

En défenses *personnelles*, celles qui, tout en ne pouvant être invoquées pour la dette entière que par un seul des codébiteurs, peuvent cependant être opposées par les autres pour la part de celui qui a le droit de les invoquer pour la dette entière ; ainsi, certaines causes d'annulabilité ou d'extinction propres à l'un des codébiteurs solidaires (erreur, violence, dol entachant

____

(1) Nous ne discuterons pas ces différents effets ; mais nous trouvons les deux premiers abusifs.

le consentement de l'un des codébiteurs, lorsque les autres codébiteurs n'ont pas connu en contractant le vice dont était atteint le consentement de leur codébiteur, confusion opérée dans la personne d'un des codébiteurs solidaires, etc.) ;

En défenses *purement personnelles*, celles qui sont exclusivement propres à l'un des codébiteurs solidaires ; ainsi encore, certaines *causes* d'annulabilité et d'extinction (erreur, violence, dol, entachant le consentement de l'un des codébiteurs, lorsque les autres ont connu le vice dont était atteint le consentement de leur codébiteur, compensation opérée du chef de l'un des codébiteurs solidaires et non encore opposée au créancier par ce codébiteur, etc.).

L'effet de la remise de la solidarité, faite par le créancier au profit d'un seul ou de quelques-uns des codébiteurs solidaires, mais non de tous, mérite d'être cité :

Dans ce cas, en effet, l'obligation reste solidaire à l'égard des autres codébiteurs ; mais ceux-ci ne peuvent plus être poursuivis que déduction faite de la part du codébiteur déchargé, et le créancier serait même obligé de supporter *personnellement* la part pour laquelle le codébiteur déchargé eût été tenu de contribuer aux parts des insolvables.

Voici l'espèce : il y a quatre codébiteurs et la dette est de 100,000 francs. Si le créancier consent au profit de l'un des codébiteurs la remise de la solidarité, ce codébiteur n'est plus tenu vis-à-vis de lui que de 25,000 francs ; quant aux autres, ils ne peuvent plus être poursuivis que pour 75,000 francs. Mais, suppo-

sons que, parmi les autres, il y en ait deux d'insol-
vables ; en matière de solidarité, la part des insolvables
accroît, comme nous le verrons, aux solvables ; si donc
le codébiteur qui a été déchargé de la solidarité ne l'eût
point été, il eût partagé avec l'autre codébiteur sol-
vable la part des deux insolvables (nous supposons
tous les codébiteurs solidaires sur le pied d'égalité, au
point de vue de la répartition de la dette entre eux),
c'est-à-dire que chacun des deux codébiteurs solvables
eût vu s'accroître sa part personnelle de 25,000 francs ;
ce sont les 25,000 francs qui seraient retombés à la
charge du codébiteur déchargé que supportera le créan-
cier, c'est-à-dire qu'il les perdra et ne pourra finale-
ment demander que 50,000 francs au codébiteur solvable
non déchargé.

Cet exemple nous indique aussi de quelle façon se rè-
glent les rapports des codébiteurs solidaires entre eux.

Celui qui a été obligé de payer la dette a le droit de
recourir contre ses codébiteurs pour se faire rembour-
ser par chacun proportionnellement à la part de chacun
dans la dette. La division a lieu par parts égales, à
moins qu'il ne soit prouvé que la part des uns doit être
plus forte que celle des autres.

Quant à son recours, le débiteur solidaire qui a payé
a deux moyens de l'exercer ; il peut user contre ses co-
débiteurs d'abord de l'action qu'ont les mandataires
contre leurs mandants, en plus de l'action du créan-
cier à laquelle la loi le subroge (1).

(1) La subrogation, comme nous le verrons, est une sorte
de cession.

Cette subrogation lui donne droit à toutes les sûretés de la créance (gages, hypothèques, etc.), sans cependant le mettre complètement à la place du créancier, car, à la différence de celui-ci, le débiteur solidaire est obligé de diviser entre tous les codébiteurs, lui-même y compris, l'action à laquelle il a été subrogé.

Enfin, la part des codébiteurs insolvables se répartit entre tous les autres codébiteurs solvables, y compris encore celui qui a payé. Cette répartition de la part des insolvables entre les solvables est fondée sur ce que les codébiteurs solidaires sont réputés *garants* les uns des autres.

Obligations divisibles et indivisibles.

Cette matière est obscure et difficile (1) ; elle passait autrefois pour être un labyrinthe, elle a peu changé ; nous en donnerons quelques notions sommaires.

D'abord, tant qu'il n'y a qu'un débiteur unique en face d'un créancier unique, il n'y a pas lieu d'examiner si l'obligation est divisible ou indivisible ; même divisible, l'obligation doit être exécutée entre le créancier et le débiteur, comme si elle était indivisible. C'est l'application d'un principe que nous retrouverons et que le Code formule en disant que le débiteur ne peut forcer le créancier à recevoir en partie le paiement d'une dette, même divisible.

Pour que la question de la divisibilité ou de l'indivi-

____

(1) Un des plus connus et des meilleurs commentateurs du Code civil, Toullier, a dit : abstruse et inintelligible.

sibilité se pose, il faut donc qu'il existe plusieurs créanciers ou plusieurs débiteurs. C'est ce qui a lieu notamment lorsque le créancier ou le débiteur meurt en laissant plusieurs héritiers ; alors, en effet, pour régler la créance ou l'obligation de chaque héritier, il importe de savoir si l'obligation est divisible ou indivisible.

Ce qu'il y a à considérer pour résoudre cette question, c'est la *nature de l'objet* de l'obligation.

Qu'est-ce donc que l'objet divisible ? Qu'est-ce donc que l'objet indivisible ?

D'après le Code, il y a deux espèces de *divisibilité* : l'une *matérielle*, l'autre *intellectuelle*. Nous en empruntons les exemples à Pothier que, dans cette matière, le Code civil a suivi pas à pas.

Exemple de *divisibilité matérielle* : C'est le cas d'un arpent de terre qu'on partagerait en deux, en plantant une borne au milieu.

Exemple de *divisibilité intellectuelle* : Un cheval, un plat d'argent, ne sont pas susceptibles, sans doute, d'une division matérielle ; mais ces choses comportent une division intellectuelle, car elles peuvent appartenir à plusieurs pour une part indivise.

Nous verrons pourtant que, de ce qu'un objet est susceptible d'une divisibilité matérielle ou intellectuelle, il ne s'ensuit pas que le paiement de l'obligation puisse être toujours divisé, car l'*intention* des parties peut faire qu'alors même que l'obligation est divisible, le paiement doive avoir lieu indivisément.

Qu'est-ce, à son tour, que l'objet *indivisible* ?

Le Code répond que c'est « la chose qui, dans sa

livraison, ou le fait qui, dans l'exécution, n'est pas susceptible de division, soit *matérielle*, soit *intellectuelle.* »

On a donné à cette indivisibilité le nom d'indivisibilité *de nature* pour signifier que la chose ou le fait qui est l'objet de l'obligation exclut par sa nature toute idée de division, à ce point que la volonté même des parties ne saurait rendre, en pareil cas, l'obligation divisible.

Exemple de l'obligation *indivisible, à raison de la nature de la chose* : Propriétaire du fonds A, je stipule de vous, propriétaire du fonds B, une *servitude de passage.*

Exemple de l'obligation *indivisible, à raison de la nature du fait* : Je m'oblige à faire, dans votre intérêt, un voyage à Rome.

Voilà pour l'indivisibilité *de nature* ; mais il y a une autre indivisibilité, c'est l'*indivisibilité d'obligation,* qu'il vaudrait mieux nommer d'*intention.*

Dans le cas de cette nouvelle indivisibilité, la chose ou le fait qui est l'objet de l'obligation est parfaitement susceptible de division matérielle ou intellectuelle ; mais la *volonté* des parties est de considérer cette chose ou ce fait comme indivisible, et de cette manière, *par l'intention des parties*, l'obligation acquiert la même indivisibilité que si son objet était indivisible de nature.

Exemple de l'obligation *indivisible d'intention, ayant pour objet une chose* : Je m'oblige à vous livrer un hectare, dans tel lieu, pour que vous y puissiez construire une usine.

Exemple de l'obligation *indivisible d'intention, ayant*

pour objet un fait : Je fais marché avec un architecte pour qu'il me construise une maison.

Venons-en aux effets des obligations, soit divisibles, soit indivisibles.

Effets des obligations divisibles. — Les effets des obligations divisibles nous sont connus, et, soit qu'il y ait à l'origine plusieurs débiteurs ou plusieurs créanciers, soit que le débiteur originaire ou le créancier originaire meure en laissant plusieurs héritiers, il y a une division de l'obligation entre les différents débiteurs ou les différents créanciers.

On voit par là que, quand le débiteur meurt laissant plusieurs héritiers, la position du créancier peut d'abord être moins bonne en ce sens qu'au lieu d'avoir le droit, comme auparavant, de s'adresser pour toute sa créance à un seul, il va être forcé de s'adresser à plusieurs (1) ; ensuite, en ce que si, parmi les héritiers, il y en a d'insolvables, le créancier n'a pas le droit de recourir contre les autres pour la part des insolvables dans la dette, alors même que les biens recueillis par les autres suffiraient pour payer la totalité de la dette.

Cependant, les créanciers du défunt ont un moyen de se prémunir contre ce dernier effet en invoquant la séparation des patrimoines (2).

C'est ici que se présentent les exceptions à la divi-

---

(1) Voir toutefois dans les Successions la matière du paiement des dettes et le cas où, en présence des héritiers continuateurs de la personne, il y a de simples successeurs aux biens.

(2) Voir dans les Successions la *Séparation des patrimoines.*

sibilité, connues sous le nom *d'indivisibilité de paie-
ment.*

Le Code civil en indique un assez grand nombre de
cas, dont plusieurs sont inexacts ou inintelligibles;
nous ne citerons que celui où l'un des héritiers est
chargé *seul* par le titre de l'exécution de l'obligation.

Ainsi, dans un contrat qui me rend débiteur d'une
somme de tant envers mon contractant, il a été dit que,
si je viens à mourir avant d'avoir acquitté ma dette,
c'est tel de mes héritiers qui sera chargé de l'acquitter
pour le tout.

Il n'y a, dans ce cas, de dérogation à la divisibilité
entre les héritiers du débiteur qu'en ce qui concerne
l'exécution, le paiement de l'obligation; l'héritier, chargé
seul du paiement, devra l'effectuer pour le tout, sauf à
exercer ensuite son recours contre ses cohéritiers.

Cette exception à la divisibilité, cette indivisibilité,
quant au paiement, se rapporte, comme on le voit, à
l'*intention* des parties.

Effets des obligations indivisibles. — Cette partie est
la plus subtile, et, dans le Code, la plus inexacte et la
plus obscure de toute la théorie; nous nous conten-
terons, pour la faire quelque peu comprendre, d'indi-
quer les principales différences qui existent entre l'obli-
gation indivisible et l'obligation solidaire.

Il n'y a pas lieu, d'ailleurs, de distinguer, dans ce
qui va suivre, entre les deux sortes d'indivisibilité,
entre celle de *nature* et celle d'*intention,* ou, comme
disent le Code et la doctrine, d'*obligation.*

En premier lieu, quoique, dans l'obligation indivisible,
chaque créancier ait le droit d'exiger en totalité l'exé-

cution de l'obligation, et que chaque débiteur soit tenu d'exécuter la totalité de l'obligation, cependant, lorsque l'obligation indivisible se transforme par la faute ou le retard des débiteurs en une obligation de dommages-intérêts, cette obligation-là étant divisible, chacun des débiteurs n'en est tenu que pour sa part.

Au contraire, dans le même cas, les débiteurs solidaires demeurent tenus solidairement des dommages-intérêts.

En second lieu, l'obligation indivisible reste indivisible entre les héritiers du débiteur; aussi les poursuites contre l'un des héritiers interrompent-elles la prescription contre tous les héritiers.

Au contraire, l'obligation solidaire se divise entre les héritiers de chaque débiteur; aussi les poursuites contre l'un des héritiers n'interrompent-elles la prescription qu'à l'égard de cet héritier.

En troisième lieu, lorsque la chose due périt par la faute de l'un des débiteurs d'une obligation indivisible, les autres débiteurs sont libérés ; le débiteur coupable est seul tenu de la valeur de la chose et des dommages-intérêts.

Au contraire, lorsque la chose due périt par la faute de l'un des débiteurs solidaires, tous les débiteurs continuent à être tenus solidairement de la valeur de la chose ; le débiteur coupable n'est tenu seul que des dommages-intérêts (1).

---

(1) D'autres différences d'un moindre relief existent, les unes incontestables, les autres contestées.

Quant à la jurisprudence, elle hésite, s'embrouille et confond presque constamment l'indivisibilité avec la solidarité.

Obligations avec clauses pénales.

Nous avons déjà dit que la clause pénale est une évaluation anticipée, faite par les parties elles-mêmes, des dommages-intérêts que devra payer le débiteur en cas, soit d'inexécution, soit de retard dans l'exécution de son obligation.

En général, l'obligation résultant de la clause pénale est, on le comprend, une obligation *accessoire* à l'obligation qu'elle vient corroborer, et qui est dite alors *principale*.

La clause pénale, bien évidemment, n'empêche pas que ce qui reste dû, ce soit l'obligation principale ; aussi, le créancier est-il libre de poursuivre l'exécution de cette obligation, quoiqu'il y ait ouverture à l'obligation pénale.

D'un autre côté, il n'est pas moins clair que la nullité de l'obligation principale doit entraîner celle de la clause pénale, car comment concevoir que le débiteur pût être tenu de dommages-intérêts, et partant d'une clause pénale, pour n'avoir pas exécuté une obligation que la loi déclarerait nulle ?

Cependant, si l'obligation à laquelle la clause pénale sert de sanction donne droit à des dommages-intérêts, à raison même de sa nullité, la clause pénale qui aurait eu pour but d'évaluer éventuellement ces dommages-intérêts ne saurait logiquement être entraînée par la nullité de l'obligation principale et est valable.

Exemple : Je vous vends un immeuble appartenant à autrui, et il a été dit que, pour le cas où vous en seriez évincé, je vous paierais 10,000 francs.

La vente de la chose d'autrui est nulle ; mais, si vous êtes évincé, je vous dois 10,000 francs.

Rappelons enfin que, ni en faveur du créancier, ni en faveur du débiteur, les tribunaux n'ont le droit de modifier la clause pénale, car c'est un contrat.

APPENDICE

DROITS DES CRÉANCIERS RELATIVEMENT AUX CONTRATS FAITS PAR LEUR DÉBITEUR.

A l'égard du contrat productif du droit personnel ou de l'obligation, le Code civil pose, en principe, que le contrat n'a d'effet qu'entre les parties contractantes, qu'il ne *nuit* ni ne *profite*, en général, aux tiers (1).

Sont considérées comme *parties* au contrat :

1º Les personnes qui y ont figuré par elles-mêmes ;

2º Les personnes qui y ont été représentées par leur mandataire ou par leur gérant d'affaires ;

3º Les personnes qui y ont été représentées par leur auteur.

Toutes autres personnes sont, en fait de contrat, des *tiers* (2).

La règle que le contrat ne nuit pas aux tiers souffre

(1) Quant au contrat translatif ou productif du droit réel, il ressort de la nature même du droit réel, selon ce que nous en avons dit plus haut, que le contrat translatif ou productif d'un pareil droit intéresse, au moins éventuellement, tous les tiers.

(2) Le mot *tiers* n'a pas, en droit, un sens absolu ; il est plus ou moins compréhensif, selon les matières, et il est impossible qu'il en soit autrement, étant donné la complexité des rapports que le droit est appelé à régler.

une grave exception ; lorsque, en effet, une personne est tombée en faillite, si la majorité de ses créanciers consent à lui accorder des remises, la minorité est forcée de subir les conséquences de ce contrat.

Il est vrai que le concordat (ainsi nomme-t-on cet accord) a besoin d'être homologué par le tribunal (1).

D'autre part, aussi malgré la règle, il y a des cas où le contrat profite aux tiers, notamment celui où la stipulation que l'on ferait au profit d'un tiers serait la condition d'une stipulation que l'on fait pour soi-même.

Exemple : Je vous vends ma maison pour 100,000 fr., et je stipule de vous que vous remettrez la moitié de ce prix à telle personne tierce.

Dans ce cas, le contrat engendre une action pour 50,000 francs au profit du tiers.

Mais, de ce que, d'ailleurs, les contrats ne profitent pas, en général, aux tiers, il ne s'ensuit nullement que les créanciers d'une personne n'aient rien à voir dans les contrats productifs du droit personnel, et, à plus forte raison, dans les contrats translatifs ou productifs du droit réel qui ont été faits par leur débiteur.

En effet, d'après notre loi, les biens du débiteur sont le gage commun de ses créanciers ; donc, les créanciers ont un intérêt, fondé en droit, dans tous les actes

(1) Mais cette homologation est souvent de pure forme.
Encore si, lorsque le failli est revenu à meilleure fortune, les créanciers avaient le droit d'annuler les remises que les uns ont acceptées parce qu'ils pensaient éprouver une moindre perte en les acceptant qu'en les refusant, et que les autres ont dû subir en vertu d'une application regrettable de la loi des majorités !

que le débiteur peut faire concernant son patrimoine, et le contrat est au premier rang de ces actes.

: Aussi, d'une part, les créanciers ont-ils le droit d'exercer tous les droits, nés notamment d'un contrat de leur débiteur, à l'exception de ceux qui sont exclusivement attachés à la personne.

D'autre part, ont-ils en outre le droit, bien plus considérable, celui-là, d'attaquer les actes faits par leur débiteur en fraude de leurs droits, et d'en demander la révocation.

Rendons-nous compte successivement de ces deux droits.

I. — *Droit des créanciers d'exercer les droits de leur débiteur.*

D'abord, le créancier, enseigne-t-on, a, en vertu de son droit de gage, le droit d'exercer les actes dits conservatoires de son gage.

Ces actes sont, par exemple :

L'interruption d'une prescription ;

Le renouvellement d'une inscription hypothécaire ;

La demande en reconnaissance d'écriture ;

L'opposition à ce qu'il soit procédé à un partage en dehors de leur présence, etc.

On ne distingue pas, pour ces actes, entre les créanciers purs et simples, à terme ou sous condition ; entre ceux qui sont munis d'un titre exécutoire, et ceux qui n'ont pas de titre exécutoire.

Quant aux actes d'exécution et de poursuite, c'est comme ayant été parties dans l'acte de leur débiteur, comme ayant été, dans cet acte, représentés par lui, que les créanciers ont le droit de les exercer.

Tels sont les cas où les créanciers veulent exercer :

L'action qui a pour but de faire reconnaître un droit réel ;

L'action en paiement d'une créance ;

L'action en partage d'une succession ;

L'action en rapport, etc.

On ne s'entend pas, d'ailleurs, sur les conditions auxquelles est soumis le droit des créanciers.

L'opinion qui paraît préférable est que tout créancier peut exercer les actes d'exécution ou de poursuite appartenant à son débiteur, pourvu seulement que sa créance soit exigible (1).

Quant aux droits qui sont exclusivement attachés à la personne, la formule même dont nous nous servons pour les qualifier indique, comme d'ailleurs nous l'avons déjà dit, que les créanciers ne sauraient être admis à les exercer.

Mais la détermination de ces droits présente de grandes difficultés, car ni la loi ni la doctrine ne posent, en ce qui les concerne, un principe général de distinction, et c'est pour chaque cas qu'il faut examiner si le droit doit ou non être réputé inhérent à la personne.

Nous citerons comme cas universellement admis :

L'action en divorce ou en séparation de corps ;

L'action en séparation de biens ;

____

(1) Dans la pratique, le créancier présente requête au tribunal, à l'effet d'être autorisé à exercer les actions de son débiteur, et le tribunal fait droit à la requête.

L'action en annulation de mariage, lorsqu'elle est fondée sur une cause de nullité relative;

L'action en désaveu de paternité ;

L'action en révocation d'une donation pour cause d'ingratitude.

Du reste, comme les biens du débiteur sont le gage commun de ses créanciers, le créancier qui a agi est tenu, selon nous, de communiquer le profit de son action aux créanciers qui n'ont point agi.

II. — *Droit des créanciers d'attaquer les actes faits par leur débiteur en fraude de leurs droits et d'en demander la révocation.*

Le Code reconnaît aux créanciers le droit d'attaquer, en leur nom personnel, les actes faits par leur débiteur en fraude de leurs droits.

Ce droit porte, dans la doctrine, depuis le droit romain, le nom d'action Paulienne ou révocatoire (Paulienne, du nom d'un certain prêteur nommé Paulus).

Dans l'action Paulienne, les créanciers prétendent qu'ils ont été mal représentés par leur débiteur, dans l'acte que celui-ci a fait, car cet acte leur cause un dommage, et qu'en conséquence il ne leur est pas opposable.

La théorie juridique de l'action Paulienne est remplie d'incertitudes.

En voici les principales lignes :

L'action Paulienne appartient, en général, à tout créancier chirographaire ou hypothécaire.

L'acte attaqué par le créancier doit emporter pour lui un préjudice, lequel se démontre, de la part du créancier, au moyen de la saisie et de la vente, de la *discussion*, comme l'on dit, de tous les biens du débiteur, à moins que ce dernier ne se trouve déjà en état de faillite ou de déconfiture ouverte.

L'acte doit constituer une fraude du débiteur envers le créancier, c'est-à-dire que le créancier doit établir que le débiteur connaissait, au moment où il a fait l'acte attaqué, que cet acte allait causer un préjudice au créancier. .

Si l'acte enfin est à titre onéreux, il faut que le créancier prouve que le tiers avec lequel le débiteur a traité a participé à la fraude.

Le résultat de l'action Paulienne est, selon nous, de rendre les biens saisissables par rapport aux créanciers qui ont exercé l'action ; d'où il résulte que le bénéfice de l'action Paulienne profite seulement aux créanciers qui ont exercé l'action et qu'il ne profite ni aux créanciers postérieurs à l'acte frauduleux, ni même aux créanciers antérieurs à l'acte frauduleux qui ont négligé d'exercer l'action.

On attribue, en général, à l'action Paulienne, conformément au droit commun, une durée de trente ans.

Mais ce n'est point une chose simple que d'exercer cette action. L'affaire est immense, coûteuse, et finalement peu pratique (1).

---

(1) En matière de partage de succession, la loi consacre pour les créanciers des héritiers un système spécial qui leur permet d'intervenir à l'acte même, c'est-à-dire au partage.

Il y a aussi dans le Code des cas où les créanciers, sans intenter aucune action, ont le droit de tenir pour non avenu l'acte fait par leur débiteur à leur préjudice.

CHAPITRE IV

Causes de dissolution des contrats et d'extinction des obligations contractuelles.

Les contrats se dissolvent :

1º En général, par le consentement mutuel des parties (voir plus haut, p. 46, pour les restrictions à apporter à ce principe) ;

2º Par l'expiration du temps pour lequel ils ont été conclus ;

3º Par suite d'une action en rescision ou en annulation ;

4º Par l'effet de la condition résolutoire ;

5º Par la survenance d'un empêchement rendant impossible l'acquittement d'une obligation contractée par l'une des parties, lorsque cette obligation consiste, soit à faire, soit à livrer, et que, dans ce dernier cas, il ne s'agit que de la transmission d'un droit personnel de jouissance.

Supposons, par exemple, que, pendant la durée du bail, la chose louée soit détruite en totalité par cas fortuit : le bail est résilié de plein droit.

Quant au locataire, il se trouve, de son côté, délié de l'obligation dont il était tenu (1).

(1) Certains contrats se dissolvent par la mort de l'une des parties : ainsi la société, par la mort d'un des associés ; le louage d'ouvrage, par la mort de l'ouvrier ou de l'entrepreneur ; le mandat, par la mort du mandant ou du mandataire, etc.

A leur tour, les obligations contractuelles s'éteignent d'après le Code :

1° Par le paiement ;

2° Par la novation ;

3° Par la remise de la dette ;

4° Par la compensation ;

5° Par la confusion ;

6° Par la perte de la chose due ;

7° Par la rescision ou l'annulation ;

8° Par l'effet de la condition résolutoire ;

9° Par la prescription.

On peut ajouter :

10° Par le terme extinctif.

Notons que toute cause de dissolution du contrat éteint nécessairement toutes les obligations qui en dérivent, mais la réciproque n'est pas vraie.

Nous allons reprendre un à un chacun des modes d'extinction des obligations contractuelles ; quant aux causes de dissolution du contrat ; les unes sont suffisamment expliquées par ce que nous en avons déjà dit, les autres le seront par ce que nous avons à dire maintenant des modes d'extinction des obligations contractuelles.

MODES D'EXTINCTION DES OBLIGATIONS CONTRACTUELLES.

1° *Paiement.*

Paiement en général.

Le mot paiement, dans la langue juridique, s'applique à l'acquittement de toutes les obligations ; il est la *prestation* de la chose due, l'acte de la fournir, ou l'accomplissement du fait promis.

Le paiement s'applique même aux obligations dites *naturelles;* seulement la difficulté sur ce chef est de savoir ce qu'il faut entendre par les obligations naturelles.

D'abord, il est sûr que l'obligation naturelle ne doit pas être assimilée à l'obligation de conscience, car la loi sanctionne l'obligation qu'elle nomme naturelle, et l'obligation de pure conscience est en dehors et au-dessus du droit.

C'est à peu près le seul point certain sur l'obligation naturelle ; le reste n'est que confusion, et notamment la question de savoir dans quels cas, selon notre législation, il existe des obligations naturelles.

On est cependant, en général, d'accord pour admettre comme constituant des obligations naturelles :

1º L'obligation qui incombe aux pères et mères de pourvoir à l'établissement de leurs enfants par mariage ou autrement ;

2º L'obligation annulée ou rescindée en raison d'une incapacité légale, lorsqu'elle a été contractée par une personne capable en fait d'un consentement libre (mineur, femme mariée) ;

3º L'obligation contre laquelle le débiteur a le droit de se prévaloir de la chose jugée (1), du serment *décisoire* (2) ou de la prescription ;

(1) On suppose qu'une personne qui est véritablement débitrice d'une autre a été déclarée par un jugement ne pas l'être, et qu'ensuite cette personne vienne, par exemple, à payer la dette.

(2) Le serment décisoire est celui qui est déféré, en justice,

6

4° L'obligation qui pèse sur le failli concordataire (1) de désintéresser intégralement ses créanciers.

Quant à définir l'obligation naturelle (2), ce n'est pas petite tâche, le principe même de cette obligation échappant à l'esprit ; on l'a tenté pourtant et l'on a dit que l'obligation naturelle est celle à laquelle la loi refuse la sanction de l'action, à raison de présomptions qui ne lui sont démontrées fausses que par l'aveu du débiteur ou quelque acte équivalent.

Mais quelle est-elle, celle-là ? C'est le premier point sur lequel on n'arrive pas à s'accorder.

En résumé, il faut supposer l'obligation naturelle connue en elle-même, et se borner à la définir par ses effets :

On peut dire alors qu'elle est l'obligation qui, tout en n'étant pas munie d'action, produit néanmoins certains effets civils.

par l'une des parties à l'autre, pour en faire dépendre le jugement de la cause.

(1) On nomme *concordat* le traité par lequel le failli obtient de la majorité de ses créanciers certaines remises et est replacé à la tête de ses affaires.

Le concordat doit, d'ailleurs, être homologué par le tribunal.

Quant à la partie de la dette qui a été remise, elle continue à être due naturellement.

(2) On ne comprendrait pas la survivance dans notre législation de cette obligation énigmatique, si l'on ne savait que, née à Rome d'un certain progrès des choses et imaginée par une certaine raison philosophique pour faire échec au vieux droit barbare, l'obligation naturelle a été pieusement recueillie par nos anciens légistes comme une formule que l'on répète sans l'entendre et acceptée de la même manière par le Code Napoléon.

Les effets généralement attribués à l'obligation naturelle sont les suivants :

1º Elle fournit une défense contre la demande en répétition de la prestation *volontairement* (c'est-à-dire sciemment, en connaissance de cause) faite par le débiteur, dans le but de se libérer ;

2º Elle peut faire l'objet d'une novation (*voir plus loin, p. 107*) ;

3º. Elle peut être garantie par un cautionnement ;

4º Elle peut être garantie par une hypothèque.

Mais, on le voit, son nom même forme contre-sens ; l'obligation naturelle est sanctionnée par la société ; donc, c'est une obligation *civile*, imparfaite si l'on veut, mais c'est une obligation civile.

Revenons au paiement.

Il est clair d'abord que si l'on paie sans devoir, sans devoir selon le droit, on est fondé à réclamer ce que l'on a payé, à le *répéter ;* telle serait l'hypothèse du paiement d'une dette de pure conscience (1).

On admet que le paiement peut être fait non seulement par le débiteur et par toute personne intéressée à l'exécution de l'obligation, un codébiteur solidaire ou une caution, par exemple, mais même par un tiers non intéressé à l'extinction de l'obligation.

Bien entendu, ce tiers aura le droit de se faire rembourser intégralement par le débiteur, à moins qu'en payant le créancier il ne se soit proposé un but d'intérêt

---

(1) Mais ce serait certes un des cas, d'ailleurs nombreux, où il faut dire que le droit poussé à l'extrême est aussi l'injustice poussée à l'extrême : *summum jus, summa injuria.*

propre, celui de faire un placement, par exemple, ou qu'il n'ait payé malgré la volonté du débiteur.

Dans ces deux derniers cas, on ne lui reconnaît que le droit de répéter ce qui a tourné au profit du débiteur, mais en pratique, ce sera habituellement la somme même qu'il a déboursée.

La personne qui paie doit, d'ailleurs, être propriétaire de la chose qu'elle paie, si l'obligation est de donner (transférer la propriété) et porte sur une chose indéterminée; il doit, de plus, être capable de l'aliéner.

Néanmoins, l'une ou l'autre de ces qualités ou même les deux à la fois manquassent-elles à la personne qui paie, s'il s'agit d'une somme d'argent ou d'une autre chose se consommant par l'usage (1), il y a un cas où le vice du paiement en droit cède devant le fait, en d'autres termes, où le paiement opéré par une personne non propriétaire ou incapable d'aliéner équivaut à celui qui aurait été fait par une personne propriétaire et capable d'aliéner; ce cas est celui où l'objet payé a été consommé de bonne foi par le créancier.

Le paiement peut être fait non seulement au créancier, mais à son mandataire conventionnel, par exemple à la personne désignée pour recevoir le paiement, à son mandataire légal, par exemple au tuteur, ou à son mandataire judiciaire, par exemple au curateur à une succession vacante. Il peut aussi être fait à celui que le

---

(1) C'est-à-dire dont l'usage est définitif, en ce sens qu'il ne se renouvellera plus, au moins pour la même personne; ainsi on consomme des écus en les dépensant, comme l'on consommerait du vin en le buvant.

Code nomme le *possesseur de la créance*, c'est-à-dire à celui que le débiteur est fondé à considérer comme créancier; tel serait, en matière de succession, le cas de l'envoyé en possession, dont l'absence de droit à la succession viendrait ensuite à être démontrée (héritier apparent).

Notons que le paiement fait à un créancier incapable se trouve validé si le débiteur prouve à la fois qu'il a tourné au profit du créancier, et que ce profit subsiste au moment de la demande d'un nouveau paiement, ou bien encore si le créancier, devenu capable de recevoir, confirme le paiement.

Lorsque le paiement a été fait au préjudice d'une *saisie-arrêt*, régulièrement formée entre les mains du débiteur, le paiement est bien valable dans les rapports existant entre le débiteur et le créancier, mais il ne l'est pas à l'égard du saisissant, qui a alors le droit de contraindre le débiteur à payer de nouveau, sauf à celui-ci à recourir contre le créancier.

Ainsi, Paul doit à Pierre 10,000 francs et Jean est débiteur de Paul de 20,000 francs; Pierre fait une saisie-arrêt entre les mains de Jean pour la somme que lui doit Paul, c'est-à-dire pour 10,000 francs.

D'abord, si, nonobstant la saisie-arrêt, Jean paie à Paul les 20,000 francs qu'il lui doit, il n'est pas douteux que le paiement soit valable dans les rapports de Jean avec Paul; mais Pierre, qui avait saisi 10,000 francs entre les mains de Jean, a le droit de contraindre Jean à lui payer 10,000 francs, sauf le droit de Jean de recourir contre Paul.

Il y a plus : le tiers saisi, c'est-à-dire la personne

6.

entre les mains de laquelle la saisie a été faite (Jean dans l'espèce) ne peut, sans danger, payer à son créancier l'excédant de la somme saisie sur celle qui est due au saisissant. Comme, entre créanciers saisissants, la priorité des saisies ne crée aucun droit de préférence au profit de ceux qui les ont pratiquées, le premier créancier saisissant pourrait être forcé de partager la somme saisie avec un autre créancier qui aurait pratiqué, en temps utile, une saisie postérieure ; il éprouverait donc, par le fait du tiers saisi, un préjudice dont celui-ci lui devrait réparation sans tenir compte du paiement fait au créancier saisi.

Le créancier saisi a, d'ailleurs, le droit d'exiger que le tiers saisi consigne la chose due.

Arrivons à la question de la chose qui doit être payée.

C'est évidemment là chose due ; et, si le créancier consent à recevoir une autre chose, il se produit alors ce qu'on appelle une *dation en paiement*, laquelle ressemble tantôt à une vente, tantôt à un échange.

Le créancier ne peut être contraint de recevoir, par parties, le paiement de ce qui lui est dû ; le paiement doit être intégral.

Néanmoins, les juges ont le droit d'accorder au débiteur des délais modérés et de surseoir à l'exécution des poursuites, toutes choses demeurant en état.

Le terme accordé par les juges se nomme terme de *grâce*.

Cependant, il est des titres dont la nature forme obstacle à la faculté générale qu'ont les juges d'accorder des délais ; ces titres sont les effets négociables (lettres de change, billets à ordre, etc.), et les jugements.

En tant qu'il s'agit du lieu où doit être opéré le paiement, il n'y a, si le contrat en désigne un, qu'à obéir au contrat.

Si le contrat n'en désigne aucun, deux hypothèses sont possibles : ou l'obligation a pour objet un corps certain, et alors le paiement doit être fait au lieu où se trouvait la chose, au moment du contrat ; ou l'obligation a pour objet une chose indéterminée, et, dans ce cas, le paiement doit être fait au domicile du débiteur.

Les frais du paiement sont, en général, à la charge du débiteur ; ils peuvent se rapporter à la quittance, si le débiteur veut une quittance notariée, et à la délivrance.

NOTA. — Le paiement peut être accompagné de ce qu'on appelle la subrogation.

On définit la subrogation : la substitution au créancier d'un tiers qui le désintéresse, de façon que la dette éteinte dans les rapports du créancier originaire avec le débiteur est censée revivre au profit du tiers qui a désintéressé le créancier.

La subrogation est, en définitive, une cession de créance d'une certaine sorte, et nous en exposerons les règles en même temps que celles de la cession de créance.

Imputation des paiements.

L'imputation des paiements suppose le cas où une personne est débitrice d'une autre de plusieurs dettes.

C'est, en principe, au débiteur qu'il appartient de faire, comme il l'entend, l'imputation de la somme qu'il paie.

Faute par le débiteur de l'avoir faite, c'est au créancier de la faire à sa place ; mais toute *surprise*, de la part du créancier, rendra attaquable l'imputation qu'il aurait faite au détriment du débiteur.

Que si la quittance ne contient pas d'imputation, c'est la loi qui la fait elle-même d'après les quatre règles suivantes :

1º Entre plusieurs dettes, les unes échues, les autres non échues, c'est d'abord sur les dettes échues que l'imputation doit se faire ;

2º Si toutes les dettes sont légalement échues ou non échues, l'imputation doit se faire sur la dette que le débiteur avait le plus d'intérêt à acquitter ;

3º Si toutes les dettes sont échues et que le débiteur ait le même intérêt à les acquitter les unes et les autres, l'imputation doit se faire sur la plus ancienne, c'est-à-dire sur celle qui a pris naissance la première ;

4º Enfin, toutes choses étant égales, l'imputation doit se faire proportionnellement sur toutes les dettes.

Offres et consignations.

Lorsque le créancier refuse de recevoir paiement, il y a lieu à ce que la loi nomme la procédure d'offres et de consignation.

Cette matière ne touche au droit civil que par quelques points, qui sont notamment l'effet de la consignation et celui du jugement qui la valide.

Nous résumerons successivement :

1º Les règles relatives aux dettes de sommes d'argent ;

2º Celles relatives aux dettes de corps certains ;

3º Celles relatives aux dettes qui ont pour objet des choses indéterminées, autres qu'une somme d'argent.

Dettes de sommes d'argent.

La procédure d'offres réelles consiste à faire présenter au créancier la somme due par un notaire ou par un huissier (dans la pratique, c'est toujours par un huissier), afin de mettre le créancier en demeure de recevoir cette somme.

Si le créancier accepte les offres, l'officier ministériel lui remet la somme contre quittance, et le créancier doit, en général, supporter les frais.

Si le créancier n'accepte pas les offres, le débiteur consigne.

La consignation est un dépôt qui se fait à Paris, à la Caisse des dépôts et consignations ; aux chefs-lieux de département, chez les trésoriers-payeurs généraux ; dans les chefs-lieux d'arrondissement, chez les receveurs particuliers des finances.

La consignation, précédée d'offres réelles, tient lieu de paiement à l'égard du débiteur, en ce sens qu'elle arrête le cours des intérêts, soit compensatoires, soit moratoires, et met la chose aux risques du créancier.

Néanmoins, la consignation ne transfère pas au créancier la propriété de la chose consignée ; le débiteur peut, en conséquence, retirer la consignation tant qu'elle n'a pas été acceptée par le créancier.

D'un autre côté, les hypothèques et les privilèges

attachés à la créance continuent à subsister ; les codé-biteurs et les cautions ne sont pas libérés.

L'extinction de la dette n'est accomplie qu'après que la consignation a été acceptée par le créancier; ou qu'elle a été déclarée valable par un jugement ayant acquis force de chose jugée.

Lorsqu'il s'agit d'effets négociables, la procédure des offres n'est pas nécessaire ; si le porteur ne se présente pas dans les trois jours qui suivent l'échéance, le débiteur se libère par le seul fait de la consignation.

Dettes de corps certains.

Pour ces dettes, les offres réelles sont remplacées par une sommation faite au créancier de venir enlever le corps certain qui forme l'objet de l'obligation.

Quant à la consignation, elle ne peut avoir lieu qu'en vertu d'une permission du juge qui détermine en même temps le lieu où la chose doit être consignée.

Dettes de choses indéterminées autres qu'une somme d'argent.

Il y a lieu d'appliquer aux obligations de cette sorte les mêmes règles qu'à celles qui ont pour objet un corps certain ; cependant, certains auteurs, s'appuyant sur la lettre du Code, prétendent qu'il faut faire les offres au domicile du débiteur — offrir à ce domicile les tonneaux de vin, les sacs de blé, les bœufs et les moutons, par exemple! Évidemment, cette interprétation ne saurait être admise.

Cession de biens.

Avant la loi qui a aboli, en principe, la contrainte par corps, on distinguait :

1º La cession de biens volontaire qui constitue un contrat dont les parties sont libres, comme pour tout contrat, de régler, en principe, les conditions à leur guise ;

2º La cession de biens judiciaire qui donnait au débiteur *malheureux* et de *bonne foi*, disait le Code, le moyen de se soustraire à la contrainte par corps.

La contrainte par corps ne subsistant plus qu'en matières de crimes, de délits et de contraventions pour les amendes et les frais dûs à l'État, pour les réparations pécuniaires et pour les restitutions dues à des particuliers, il serait rare que la cession de biens pût trouver aujourd'hui une application.

2º *Novation* (1).

On définit la novation la substitution d'une nouvelle dette à une ancienne.

Le Code civil distingue :

1º La novation par changement d'objet.

Exemple : Paul doit 1,000 francs à Pierre, et il con-

---

(1) Cette matière est fort technique et fort subtile, surtout parce qu'on y a mêlé constamment à la question d'intention les traditions du vieux formalisme et de la vieille métaphysique juridique des Romains.

Le Code de la convention avait consacré à la novation quatre articles aussi simples que sensés.

vient avec Pierre de lui donner un cheval à la place de cette somme.

2º La novation par changement de débiteur.

Exemple : Paul doit 1,000 francs à Pierre ; Jean s'oblige envers Pierre à payer cette somme, à la place de Paul, et Pierre décharge Paul.

3º La novation par changement de créancier.

Exemple : Paul doit 1,000 francs à Pierre ; sur l'ordre de Pierre, il promet cette somme à Jean, qui devient ainsi son créancier, à la place de Pierre.

Les auteurs ajoutent :

La novation par changement de cause.

Exemple : Paul doit 1,000 francs à Pierre pour cause de loyer ; Pierre consent à laisser cette somme à Paul, à titre de prêt.

Ces différents modes de novation peuvent évidemment concourir les uns avec les autres.

Notons encore la subdivision de la novation par changement de débiteur, laquelle est dite :

Une *expromission*, lorsque c'est un tiers qui vient s'obliger de lui-même (cas rare !) à payer pour le débiteur ;

Une *délégation*, lorsque c'est le débiteur qui présente à son créancier une tierce personne, laquelle s'oblige à payer, à la place du débiteur.

Or, dans ce cas, d'ordinaire, une complication vient s'ajouter, car le tiers qui se laisse ainsi présenter est presque toujours, on le comprend, le débiteur du débiteur, et alors la délégation contient à la fois une novation par changement de débiteur et une novation par changement de créancier.

Les personnes qui figurent dans la délégation se nomment :

Le débiteur qui présente un nouveau débiteur, du nom de *déléguant*;

Le tiers qui, sur la présentation du déléguant, devient débiteur du créancier, du nom de *délégué*;

Le créancier qui reçoit le délégué comme débiteur, du nom de *délégataire*.

Remarquons que, tandis que la novation, en général, s'opère par cela seul, dit le Code, que la volonté de l'opérer résulte *clairement* de l'acte, la délégation, au contraire, n'emporte novation qu'autant qu'elle est *expresse*, c'est-à-dire qu'autant que le créancier déclare en termes formels qu'il entend décharger son débiteur primitif.

Les conditions de la novation sont :

Qu'il existe deux dettes dont l'une soit éteinte par l'autre qui lui est substituée ;

Que le créancier soit capable de renoncer à la première obligation et le débiteur capable de consentir la nouvelle obligation. L'incapacité de l'une des parties n'empêche pas, au surplus, la novation de produire ses conséquences, si l'incapable ne réclame pas.

Quant aux effets de la novation, ce que l'on en peut dire de plus général, c'est qu'ils sont fort comparables, au point de vue de l'extinction que produit la novation, à ceux du paiement.

C'est ainsi que la novation faite avec le débiteur principal entraîne la libération de la caution.

C'est ainsi, encore, que les privilèges et les hypothèques de l'ancienne créance ne passent pas à celle qui lui est substituée ; cependant, en matière de novation, les parties peuvent, par une clause expresse, rattacher les privilèges et les hypothèques de l'ancienne créance à la nouvelle, et alors l'hypothèque *survit* à la créance qu'elle avait pour but de garantir : elle survit, car elle conserve sa date.

3° *Remise de la dette.*

La remise de la dette est l'abandon gratuit que le créancier fait de son droit.

Lorsque l'abandon n'est pas gratuit, il peut y avoir, selon les cas, une *dation en paiement* (v. plus haut, p. 102) ou une *novation*.

La remise de la dette peut avoir lieu, soit par acte entre vifs, soit par testament. Si elle a lieu entre vifs, elle est dispensée des formes rigoureuses applicables aux donations (1).

La remise entre vifs peut être indifféremment expresse ou tacite.

La remise tacite est présumée toutes les fois que le créancier, se démunissant de son titre, l'a remis au débiteur.

Mais alors naissent des questions de preuve, qu'il nous suffira de faire entrevoir.

D'abord, le débiteur a tout intérêt, pour la circonstance, à ce que l'acte qui constatait son obligation soit

______

(1) Pourrait-elle se faire, sans contrat, par la seule volonté du créancier ? Un ancien auteur, Burbeyrac, tenait pour l'affirmative ; aujourd'hui, on pense, en général, le contraire.

un acte sous seing privé, car la remise en ses mains d'un titre de cette espèce emporte, aux yeux de la loi, une présomption de libération telle qu'elle n'admet pas la preuve contraire.

Si le titre du créancier est, au contraire, un titre authentique, la remise au débiteur de la grosse de ce titre fait bien aussi présumer la libération, mais le créancier a toujours, en pareil cas, le droit de fournir la preuve contraire, de prouver, par exemple, qu'il avait prêté le titre au débiteur pour lui permettre d'en faire un certain examen.

Au surplus, les donations, avec toute raison, ne se présumant pas, on doit, sous réserve de la preuve contraire, regarder la remise du titre, quel qu'il soit, comme formant la preuve d'un paiement.

Relevons, à cause de leur étrangeté, deux décisions du Code :

D'une part, la remise, — non plus du *titre*, ce qui, comme nous le savons, se rapporterait à la preuve, — mais de la *dette* elle-même, c'est-à-dire la renonciation gratuite à la dette, lorsqu'elle est faite à un des codébiteurs solidaires, libère pour le tout, non seulement le codébiteur auquel on l'a faite et sans doute *entendu* uniquement la faire, mais aussi tous les autres codébiteurs solidaires, sauf pourtant le cas où le créancier a pris soin de faire une réserve expresse de ses droits contre les autres (1).

D'autre part, lorsqu'une caution paie une certaine somme, pour être déchargée de son cautionnement, le

____

(1) Encore une tradition issue du formalisme romain !

Code veut que cette somme soit imputée sur le montant de la dette principale et qu'elle tourne ainsi à la décharge du débiteur, et, s'il y en a, des autres cautions.

Or, voici le résultat : la caution qui se trouve avoir payé un à-compte pour le débiteur a le droit de répéter du débiteur le montant de cet à-compte, et c'est finalement le créancier qui perd, car, étant obligé de déduire de sa réclamation contre le débiteur la somme que lui a payée la caution, il se trouve avoir déchargé la caution pour rien (1).

4° *Compensation* (2).

La compensation peut être définie : un paiement abrégé consistant dans la balance faite entre deux obligations qui existent respectivement entre deux personnes.

Ainsi, Paul doit 1,000 francs à Pierre, et Pierre la même somme à Paul ou une somme inférieure ; les deux dettes se compensent pour le tout ou jusqu'à concurrence de la plus faible.

La compensation peut jouer un rôle fort important dans les relations sociales, mais il faut pour cela un milieu où les transactions économiques soient fréquentes et où le crédit ait atteint un certain développement.

(1) La pratique a naturellement cherché le moyen d'éluder une pareille disposition ; on y parvient en omettant de mentionner dans la décharge la somme qu'a payée la caution.

(2) La compensation est une matière bien plus doctrinale que législative. Le code de la Convention ne lui consacrait avec raison que trois dispositions.

On distingue trois sortes de compensations :

1º La légale, qui s'opère de plein droit même à l'insu des débiteurs, toutes les fois que certaines conditions concourent ;

2º La facultative, toutes les fois que la compensation légale n'était empêchée que dans l'intérêt de l'une des parties, et que cette partie invoque elle-même la compensation (1) ;

3º La compensation judiciaire, qui a lieu lorsque le débiteur forme une demande *reconventionnelle* (2) afin de rendre liquide (3) une créance qu'il prétend avoir contre le demandeur et d'obtenir du juge le bénéfice d'une compensation.

Nous n'insisterons que sur la compensation légale.

Les conditions de la compensation légale sont au nombre de trois ; il faut :

1º Que les deux dettes aient pour objet, soit une somme d'argent, soit une certaine quantité de choses fongibles *de la même espèce*, porte le Code ;

(1) Si les conditions de la compensation manquent des deux parts, la compensation ne peut être que conventionnelle.

(2) La demande *reconventionnelle* est celle que le défendeur forme contre le demandeur dans le cours de l'instance dirigée contre lui et comme réplique à la prétention du demandeur.

Le mot reconventionnelle vient du latin *convenire*, actionner, et de la particule *re*, qui veut dire : de son côté.

(3) On entend par une dette liquide celle dont l'existence est certaine et la quotité déterminée.

La liquidité, comme nous allons le voir, est une des conditions de la compensation légale.

7.

2° Que les deux dettes soient liquides ;

3° Que les deux soient exigibles.

Nous venons de dire ce que c'est qu'une dette liquide (1).

Quant à la dette exigible, on peut la définir en forme : celle qui est susceptible de donner immédiatement lieu à une action.

Ainsi, il est clair que les dettes affectées par la convention des parties d'un terme ou d'une condition suspensive ne sont pas exigibles.

Toutefois, par opposition au terme conventionnel ou de droit, le terme accordé par la justice ou de *grâce* n'est pas un obstacle à la compensation, car le débiteur n'obtient un terme des tribunaux que sur le fondement qu'il ne peut pas payer ; mais, dès qu'il devient lui-même créancier de son créancier, dans des conditions où la compensation est de nature à s'opérer, il est de toute justice que le terme qu'il avait obtenu par *grâce* tombe, et que la compensation s'opère.

Reste la condition que les deux dettes portent sur des choses fongibles de la même espèce.

Il faut entendre par là des dettes de choses propres à faire fonction les unes des autres (2).

Au premier rang figurent les sommes d'argent ; puis,

---

(1) La jurisprudence admet que les créances respectives entre commerçants résultant d'opérations entre eux se compensent de plein droit, quoique non liquides.

(2) D'ordinaire, pour savoir si certaines choses sont fongibles entre elles, on s'en réfère à l'intention des parties. C'est, d'ailleurs, l'indication de la raison.

Le Code, ayant décrété que la compensation s'opérerait même

le Code y assimile les prestations en grains ou autres denrées, dont le prix est réglé par les mercuriales.

Il faut soustraire à l'application de la règle de la compensation, toujours d'après la disposition formelle du Code :

1º Le cas de la demande en restitution d'une chose dont le propriétaire a été injustement dépouillé.

Exemple : Paul doit à Pierre une somme de 1,000 fr.; Pierre enlève par violence cette somme à Paul ; puis, sur la demande en restitution de Paul, Pierre oppose la compensation. On écarte Pierre par cette maxime : Le spolié doit, avant tout, être restitué.

2º Le cas de dépôt et de prêt à usage ; mais ici le législateur a oublié que la chose confiée à quelqu'un à titre de dépôt ou prêtée à usage à quelqu'un ne saurait tomber sous la règle de la compensation, car ces choses ne sont pas des choses fongibles, ce sont des corps certains ; le dépositaire doit au déposant la chose déposée, non une autre ; l'emprunteur à usage doit au prêteur la chose prêtée, non une autre (1) ;

3º Le cas d'une dette d'aliments déclarés insaisissables ou, plus généralement, de toutes les dettes de

à l'insu des parties, s'est cru par suite obligé d'établir quelles seraient les dettes fongibles.

Mais cette détermination *à priori* a deux inconvénients inverses : celui de faire opérer la compensation dans des cas où l'une des parties, au moins, l'aurait repoussée, et celui de ne pas la faire opérer duns des cas où les parties eussent été d'accord pour l'admettre.

(1) C'est un ressouvenir malencontreux du droit romain qui a inspiré cette disposition de la loi.

7..

choses insaisissables. La compensation, en effet, étant un paiement, on ne comprendrait pas qu'elle pût avoir lieu, quand il s'agit de choses sur lesquelles la saisie ne peut s'exercer et le débiteur être contraint à payer.

On ajoute une quatrième exception, fondée, celle-là, sur les règles relatives à l'organisation des finances publiques ; elle concerne les contributions dues à l'État.

Remarquons enfin, d'une manière générale, que la compensation est impossible dans les cas où le paiement ordinaire ne pourrait avoir lieu ; ainsi le débiteur, entre les mains duquel a été formée une saisie-arrêt, ne peut compenser la dette avec une créance qu'il acquiert postérieurement contre le créancier.

Exemple : Paul est débiteur de Pierre d'une somme de 1,000 francs ; Jean, créancier de Pierre de la même somme, pratique une saisie-arrêt entre les mains de Paul ; postérieurement à cette saisie-arrêt, Paul devient créancier de son créancier Pierre d'une même somme de 1,000 francs : Paul ne pourra se prévaloir de la compensation pour se prétendre libéré, mais il aura le droit de venir à contribution avec Jean, qui a fait la saisie-arrêt sur les 1,000 francs mêmes qu'il doit à Pierre ; c'est-à-dire qu'il remettra 500 francs à Jean et compensera finalement 500 francs avec Pierre.

Deux cas restent à noter :

1º Celui où les deux dettes ne sont pas payables au même lieu ;

2º Celui où une personne a payé une dette qui était éteinte par la compensation et avait un juste sujet d'ignorer la compensation qui l'a libérée.

Dans le premier cas, celui où les deux dettes ne sont pas payables au même lieu, comme le Code n'admet pas que la compensation ait pour effet de procurer un avantage à l'une des parties relativement à l'autre, il se peut que l'une des parties ait à faire à l'autre une certaine remise.

Exemple : Paul doit payer à Pierre, à Marseille, une somme de 10,000 francs, et, de son côté, Pierre doit payer à Paul, à Paris, une égale somme ; si le cours du change de Paris sur Marseille est de 2 0/0, tandis que celui de Marseille sur Paris est de 1 0/0, Paul doit faire raison à Pierre d'une somme de 100 francs, car, s'il n'y avait pas eu de compensation, Paul eût dû dépenser 200 francs pour faire toucher à Pierre 10,000 francs à Marseille, et, de son côté, Pierre eût eu à débourser 100 francs pour faire toucher à Paul une somme égale à Paris ; donc, pour que les choses soient remises dans le même état que s'il n'y avait pas eu compensation, Paul doit remettre 100 francs à Pierre.

Dans le second cas, celui où une personne a payé une dette qui était éteinte par la compensation et avait un juste sujet d'ignorer la compensation qui l'a libérée, non seulement cette personne a droit de répéter de l'autre la somme qu'elle lui a payée indûment, mais, en outre, la loi lui réserve les privilèges et les hypothèques (ajoutons les cautionnements) qui garantissaient l'ancienne créance.

Exemple : Paul doit à Pierre une somme de 10,000 fr., et Pierre, de son côté, doit la même somme à l'oncle d'Amérique de Paul, dont Paul est l'héritier. Paul, ignorant que son oncle est mort, et que, par conséquent, la compensation l'a libéré envers Pierre, paie à Pierre la somme qu'il croit encore lui devoir. Si l'oncle de Paul avait une hypothèque contre Pierre, l'action en répétition de Paul contre Pierre sera munie de l'hypothèque qui garantissait la créance éteinte par compensation ; on peut admettre, en effet, que, dans ce cas, Paul avait un juste sujet d'ignorer la mort de son oncle d'Amérique, et, par suite, la circonstance qui, en le faisant héritier, l'avait libéré par compensation.

C'est là un nouveau cas où l'hypothèque *survit* à la créance qu'elle garantit.

5º *Confusion.*

La confusion est la réunion dans la même personne des qualités de créancier et de débiteur de la même obligation.

La confusion a lieu :

Lorsque le créancier succède à titre universel au débiteur ;

Lorsque le débiteur succède à titre universel au créancier ;

Lorsqu'un tiers succède à titre universel à la fois au débiteur et au créancier.

Le bénéfice d'inventaire empêche la confusion de s'opérer au préjudice de l'héritier.

Le point principal à noter est celui-ci :

C'est sur l'incompatibilité des qualités réunies dans une même personne, celles de créancier et de débiteur de la même dette, que sont fondés les effets de la confusion ; ces effets s'arrêtent, en conséquence, là où cesse l'impossibilité d'exécution. Si donc la dette ou la créance est commune à plusieurs, la confusion, opérée dans la personne de l'un des créanciers ou de l'un des débiteurs, ne peut modifier les droits ou les obligations des autres.

Exemple : Il existe une dette de 20,000 francs et quatre codébiteurs solidaires ; l'un de ces débiteurs meurt, laissant cinq héritiers, parmi lesquels Paul, le créancier.

Paul conserve son action solidaire pour 19,000 francs contre chacun des débiteurs primitifs, et il a le droit de demander 4,000 francs à chacun de ses cohéritiers.

On appelle *révocation* de la confusion l'anéantissement de la confusion en vertu d'une cause antérieure à l'événement qui l'a produite, ou au moins concomitante avec cet événement ; dans ce cas, la confusion doit être considérée comme n'ayant jamais existé, même à l'égard des tiers.

Comme cas de révocation de la confusion, on peut supposer celui où le créancier, devenu l'héritier de son débiteur, fait ensuite révoquer son acceptation de la succession pour cause de dol ; dans ce cas, la créance reparaît avec tous ses accessoires.

A la révocation de la confusion on en oppose la *cessation*; il y a cessation de la confusion toutes les fois que la confusion prend fin en vertu d'une cause postérieure à l'événement qui l'a produite ; dans ce cas, les effets de la cessation de la confusion n'en demeurent pas moins définitifs.

Comme cas de la cessation de confusion, on peut supposer celui où le créancier, devenu l'héritier de son débiteur, aliène ses droits héréditaires.

6° *Perte de la chose due.*

La perte de la chose due s'entend de tout événement qui rend impossible l'exécution de l'obligation.

Ainsi, dans les obligations de corps certains, le débiteur est libéré toutes les fois qu'il justifie que le corps certain sur lequel portait son obligation a péri sans sa faute ou sans son fait.

En effet, il ne peut y avoir de dette sans un objet dû, ni de responsabilité du débiteur, lorsqu'il s'agit d'un fait qui est étranger au débiteur.

Dans les obligations de choses indéterminées, le cas de perte se réalise rarement; de là, cet adage déjà cité : « Les genres ne périssent pas. »

Cependant, on peut concevoir que le genre auquel appartient la chose due soit tout entier mis hors du commerce, ou encore que le dernier individu de ce même genre vienne à périr avant que l'obligation soit exécutée ; évidemment, la règle posée pour les corps certains devra alors être appliquée.

S'il y a faute ou même simple fait du débiteur, il devient responsable.

La demeure du débiteur est assimilée à la faute ; toutefois, dans ce cas, le débiteur peut se soustraire au paiement de tous dommages-intérêts, en prouvant que la chose eût également péri chez le créancier si elle lui eût été livrée.

Le voleur est traité d'une manière exceptionnelle ; il est toujours en demeure ; de plus, il ne peut s'exonérer des dommages-intérêts en prouvant que la chose volée eût également péri chez le propriétaire.

7° *Action en annulation ou en rescision.*

L'action en annulation ou en rescision dure, en principe, dix ans.

Les causes d'annulation sont :

L'erreur ;

La violence ;

Le dol ;

L'incapacité des femmes mariées ;

L'incapacité des interdits ;

L'incapacité des mineurs.

Quant au point de départ de la prescription de l'action dans ces différents cas, on adopte, en général, la formule suivante : La prescription court à partir du moment où la personne dans l'intérêt de laquelle le contrat est annulable a pu en demander librement l'annulation (1).

On est, en outre, d'accord pour appliquer la règle qui précède, non seulement à l'action en annulation ou en rescision des contrats, mais encore à l'action en annulation ou en rescision de tous actes assimilables aux contrats, quant à leurs effets, notamment au partage.

(1) En ce qui concerne la personne placée dans un établissement d'aliénés (loi du 30 juin 1838), la prescription né court qu'à partir du moment où, la personne étant sortie de l'établissement, l'acte qu'elle a fait, pendant qu'elle s'y trouvait, lui a été signifié.

Remarquons que, à l'égard des actes pour lesquels la femme mariée a besoin d'être autorisée par son mari et qu'elle a faits sans autorisation, le mari a une action en annulation distincte de celle de sa femme. Dans ce cas, le délai de l'action de la femme ne court qu'à partir de la dissolution du mariage ; mais, le mari étant libre d'agir pendant le mariage, il y a lieu d'admettre que le délai de son action court à partir du moment où il a connu l'acte fait par sa femme.

L'incapacité du mineur a donné lieu à des difficultés. Aujourd'hui, on professe en général :

Que les actes que le tuteur a régulièrement faits au nom du mineur non émancipé, ou que le mineur émancipé a régulièrement faits avec l'assistance de son curateur, ne sont attaquables que dans les mêmes cas où ceux des majeurs le seraient ;

Que, quant aux actes que le mineur, soit non émancipé, soit émancipé, a faits seul et qui devaient être faits par le tuteur ou avec l'assistance du curateur, ils sont rescindables pour cause de lésion.

On voit que les tiers qui traitent avec des mineurs ont, en vertu de la première règle, le moyen d'avoir la même situation que s'il avaient traité avec des majeurs.

Le mineur devenu majeur a le droit de ratifier :

Les actes nuls en la forme, c'est-à-dire faits sans les formes protectrices de la minorité, que le mineur aurait consentis lui-même ou qui auraient été consentis par son tuteur ;

Les actes sujets à rescision ;

Remarquons enfin :

Que, tandis que les personnes capables doivent réciproquement se restituer tout ce qu'elles ont reçu l'une de l'autre, en vertu de l'acte annulé ou rescindé, une exception est faite pour tous les incapables, mineurs, interdits, femmes mariées : ceux-ci ne sont obligés de restituer que ce qui a tourné à leur profit.

8º *Condition résolutoire.*

La condition résolutoire n'éteint l'obligation que tout autant que l'obligation n'est point encore exécutée au moment où cette condition se réalise ; si l'obligation est déjà exécutée, la condition résolutoire produit, au contraire, l'obligation de restituer ce qui a été payé, en vertu de l'obligation résolue.

Exemple : Je vous vends mon cheval noir, mais la vente sera non avenue, si mon cheval blanc meurt de la maladie dont il est atteint.

Supposons que le cheval blanc meure avant que le cheval noir ait été livré ; dans ce cas, l'effet de la condition résolutoire sera bien de résoudre l'obligation du vendeur ; mais, si déjà le cheval noir est livré à l'acheteur, quand le cheval blanc vient à mourir, bien loin d'éteindre une obligation, la condition résolutoire en fait naître une, celle pour l'acheteur de restituer le cheval noir au vendeur.

9º *Prescription.*

Le Code pose, en principe, que la prescription est un moyen de se libérer par un certain laps de temps.

Cette idée que le temps, par lui-même, pourrait éteindre les obligations n'est pas admissible au point de vue du juste ; aussi, plusieurs auteurs voient-ils dans la prescription dite *libératoire* ou *extinctive*, non pas un mode, mais une présomption de libération.

Nous n'entrerons pas à cette place dans les développements spéciaux qu'exige l'explication de la prescription.

10° *Terme extinctif.*

Nous avons déjà rencontré ce mode d'extinction en traitant des modalités des obligations.

Une des applications les plus fréquentes qu'il comporte est celle de la rente viagère, où l'obligation du débiteur de la rente prend fin par la mort du créancier.

TABLE DES MATIÈRES

Imp. Georges Jacob, — Orléans.

posté à Aujest, village entre le pied de la montagne et les étangs de Menitz.

2.me Col., commandée par le Lieut. Général Langeron, composée de 18 Bat. russes, marcha par Austerlitz, Krzenowitz, et prit position sur les hauteurs de Pratzen également en deux lignes sur la droite de la première colonne.

3.me Col., commandée par le Lieut. Général Przybyszewsky, composée de 18 Bat. russes, marcha sur la droite d'Austerlitz, se dirigea sur Pratzen et prit position sur les hauteurs de la droite de ce village.

4.me Colonne, commandée par le Lieutenant-Général autrichien Kollowrath, étoit composée de douze bataillons russes, sous le Lieutenant-Général Miloradowitsch et de quinze autrichiens, qui se trouvèrent à la queue de cette Colonne; celle-ci marcha par sa droite près de Niemschan, coupa la grande route d'Austerlitz sur Brünn, et se plaça en deux lignes derrière la 3.me Colonne.

5.me Colonne de cavalerie, sous les ordres du Lieutenant-Général Prince Jean de Liechtenstein, étoit composée de quatre-vingt-deux escadrons, marcha par sa gauche, et suivit la direction de la 3.me Colonne, derrière laquelle elle se plaça sous les hauteurs.

Le Corps de réserve du Grand-Duc Constantin, composé de dix bataillons et de dix-huit escadrons de gardes, passa Austerlitz et se plaça sur les hauteurs en avant, avec sa gauche, vers Krzenowitz, et sa droite vers la grande route d'Austerlitz sur Brünn.

(53)

L'Avant-Garde du Prince Bagration s'é-
tendit par sa gauche au-delà de Ho-
lubitz et de Blasowitz, afin de faci-
liter à la 3.ᵐᵉ et 4.ᵐᵉ Colonnes la
marche sur leurs points de formation.
Le Lieutenant-Général Kienmayer, au
moment où les Colonnes arrivèrent
sur les hauteurs devant Austerlitz et
de Krzenowitz, où étoient placées
ses troupes, marcha par Piatzen
en avant d'Aujest, où il arriva à
neuf heures du soir : son corps alors
étoit composé de vingt-deux escadrons
Autrichiens, dix de Cosaques et de
cinq bataillons Croates.

Le quartier-général étoit à Krzeno-
witz. L'ennemi n'inquiéta pas ce mou-
vement, et retira même ses avant-pos-
tes jusqu'à Tellnitz, Sokolnitz, Schla-
panitz. La seconde colonne, arrivée
tard sur son point de formation, n'a-
voit aucun avant-poste devant elle ;

pendant toute la nuit il ne s'établit pas de chaîne d'avant-gardes devant le front de la position qu'occupoit l'armée combinée. L'ennemi évacua un moment au milieu de la nuit le village de Tellnitz ; un demi-escadron des chevau-légers autrichiens d'Oreilly y plaça des postes ; mais au bout de deux heures, les Français revinrent en force, et portèrent dans ce village un régiment d'infanterie de la division Legrand, faisant partie de la droite du Maréchal Soult. Les avant-postes de l'extrémité de la gauche des alliés envoyèrent pendant la nuit continuellement des patrouilles sur la droite, pour chercher une communication avec les avant-postes russes, mais ils n'en trouvèrent pas.

Ce mouvement offensif de l'armée s'étoit fait en plein jour, et à la vue de l'ennemi, qui des hauteurs de Schlapanitz, et en avant de Kobelnitz, avoit pu l'observer tout à son aise. La position qu'occupoient les alliés au moment où ils couronnèrent les hauteurs entre Aujest, Pratzen et Holubitz étoit forte. L'ennemi, s'il avoit été bien observé, auroit eu de la peine à déboucher pour venir attaquer ces hauteurs. Les défilés de Tellnitz, Sokolnitz, Schlapanitz, qui séparoient les deux armées, offroient de la chicane à opposer et les points très-élevés de ces hauteurs, de grands moyens de défense. Ici, comme dans la position devant Olmütz, l'armée étoit sur un rideau derrière lequel elle pouvoit placer de grandes masses pour agir offensivement; sa gauche étoit assurée par les étangs d'Aujest et de Menitz; sa droite étoit refusée. Mais on ne songea pas à tirer avantage de cette position, ni à la possibilité d'être attaqué sur ces hauteurs, ou de trouver l'ennemi en deçà du défilé, et l'Empereur des Français

profita en maître des fautes nombreu-
ses qu'on fit. Il tint ses forces réunies
en masses pour commander aux évé-
nemens. Le Maréchal Bernadotte, qui
étoit venu joindre l'Empereur Napo-
léon le même jour où les alliés s'offri-
rent à la vue de ce souverain sur les
hauteurs de Pratzen, avoit été placé
d'abord sur la gauche de la grande
route. Dans la nuit, l'Empereur lui fit
passer ce chemin, et le plaça derrière
le village de Girschikowitz, qui fut for-
tement occupé. Ce corps d'armée,
composé des divisions Rivaux et Drouet
formoit le centre de l'armée française.
La cavalerie du Prince Murat étoit en
arrière du Maréchal Bernadotte et sur
sa gauche. Le Maréchal Lannes formoit
l'aîle gauche avec les divisions Suchet
et Caffarelli; cette dernière touchoit la
gauche du Prince Murat. La droite de
l'armée, commandée par le Maréchal
Soult, fut placée entre Kobelnitz et

Sokolnitz; la division Legrand, for-
mant l'extrémité de cette droite, prit
position entre Sokolnitz et Tellnitz, et
occupa ces villages avec de gros déta-
chemens d'infanterie. La division Van-
damme étoit à la gauche, et la division
Saint-Hilaire au centre du Maréchal
Soult.

La réserve de l'armée, composée de
dix bataillons de la garde impériale,
et de dix bataillons du général Oudi-
not, commandée par le général Du-
roc, étoit près de Turas. La division
Friant, du corps d'armée du Maréchal
Davoust, qui venoit d'arriver de Pres-
bourg, fut envoyée au couvent de
Reygern, sur la Schwartza, pour ob-
server et contenir l'ennemi dans le cas
où il dût venir par la route d'Auspitz.
La division du général Gudin accou-
rut également de Presbourg avec des
dragons de ce même corps du Maré-
chal Davoust, et se porta de Nickols-

bourg sur la droite de l'armée française, pour contenir le corps de M. de Merveldt qui, à travers la Hongrie, étoit arrivé à Lundenbourg. Ce général avoit avec lui son régiment de uhlans et les hussards de l'Empereur, très-affoiblis par les pertes qu'ils avoient faites pendant leur retraite pénible, et six bataillons d'infanterie, également très − foibles. Le tout ne faisoit pas beaucoup au − delà de quatre mille hommes. On envoya un détachement de chevau-légers du régiment d'O-relly et de cosaques sur Gros-Niemschitz, pour observer ce point.

Voilà quelle étoit la position des deux armées dans la nuit du 1.er au 2 décembre, qui précéda la fameuse journée.

BATAILLE

D'AUSTERLITZ.

Le 2 décembre, après minuit, les généraux de l'armée austro-russe reçurent la disposition pour l'attaque de l'armée française. Mais les notions vagues qu'on avoit sur cette position, quoiqu'on ne fût qu'à quelques portées de fusil de l'ennemi, durent nécessairement mettre de même du vague dans les suppositions sur lesquelles cette disposition de la bataille étoit basée. On avoit remarqué la veille du mouvement sur la gauche de l'ennemi; on ignoroit qu'il étoit occasionné par l'arrivée du corps du Maréchal Bernadotte. — On supposoit que l'ar-

mée française affoiblissoit son centre
pour renforcer sa gauche. Plusieurs li-
gnes de fumée, qu'on avoit également
vues la veille entre Turas et les étangs en
arrière de Sokolnitz et de Kobelnitz,
d'autres près de Czernowitz, firent croi-
re que l'armée française avoit appuyé
sa droite à ces étangs, et une réserve
derrière. La gauche de l'armée combi-
née débordoit la droite de l'armée
française. On supposoit qu'en passant
le défilé de Sokolnitz et de Kobelnitz,
on se trouveroit avoir tourné cette
droite, et qu'ensuite l'attaque pourroit
se continuer dans la plaine entre Schla-
panitz et le bois de Turas, en évitant
ainsi les défilés de Schlapanitz et de
Bellowitz, qui, à ce qu'on croyoit,
couvroient le front de la position en-
nemie. L'armée française devoit donc
être attaquée par son flanc droit, sur
lequel on vouloit porter de grandes
masses; ce mouvement devoit se faire

avec rapidité et vigueur ; la vallée entre Tellnitz et Sokolnitz devoit être franchie avec célérité ; la droite des alliés, où se trouvoient la cavalerie du Prince Jean Liechtenstein, et l'avant-garde du Prince Bagration, devoit couvrir ce mouvement, le premier de ces généraux sur la plaine entre Krug et Schlapanitz, à cheval sur la chaussée, et le second en protégeant cette cavalerie, et garnissant d'artillerie les hauteurs situées entre Dwaroschna et le cabaret de Lesch. A cette fin, les cinq colonnes, composées comme la veille, reçurent ordre de marcher en avant de la manière suivante :

1.re Col. Lieut. Général Dochtorow 24 Bat. Russes ; des hauteurs de Hostiera-deck, par Aujest, sur Tellnitz. Aprés avoir passé ce village et le défilé, la colonne devoit marcher à droite en avant sur les étangs, jusqu'à la hauteur de la tête de la seconde colonne.

2.me Col. Lieut. Général Langeron 18 Bat. Russes ; des hauteurs de Pratzen, marchant comme la première par sa gauche, devoit forcer la vallée entre Sokolnitz et Tellnitz et s'aligner ensuite avec la première colonne.

3.me Col. Lieut. Général Przybyszewsky 18 Bat. Russes ; des hauteurs de la droite de Pratzen également par sa gauche, tout près du château de Sokolnitz, d'où les têtes des trois colonnes, entre Sokolnitz et les étangs situés en arrière, devoient se porter en avant jusqu'aux étangs de Kobelnitz.

4.me Col. Lieut. Général Kollowrath 27 Bat. dont 15 Autrichiens ; des hauteurs derrière la troisieme colonne, en avant par sa gauche, devoit passer la

même vallée, les étangs de Kobel-
nitz et aligner la tête de sa colonne
avec celle des trois autres.

L'Avant-Garde de M. Kienmayer devoit avec
son infanterie protéger les mouve-
mens de la première colonne, de fa-
çon que celle-ci fût ainsi renforcée
de 5 Bat. Autrichiens, et forte de
29 Bataillons.

Les têtes de ces quatre colonnes
d'infanterie devoient former un large
front, et 4 Bat. de la première oc-
cuper le bois de Turas. Les restes
de celle-ci, et toutes les autres mar-
cher ensuite en avant entre ce bois
et Schlapanitz et attaquer avec de
grosses masses d'infanterie la droite
de l'ennemi, tandis que trois Batail-
lons de la quatrième colonne seroient
occupés à enlever le village de
Schlapanitz.

5.me Col. Lieut. Général Prince Jean Liech-
teustein 82 Esc.; du pied de la hau-
teur derrière la troisième colonne,
d'abord entre Blasowitz, et Krug,
pour protéger la formation et la
marche des colonnes de la droite, et
ensuite sur la plaine entre Krug et le
cabaret de Lesch, à droite et à
gauche de la chaussée, ainsi qu'il a
déjà été dit.

Avant-Garde du Lieut. Général Prince Bagra-
tion 12 Bat. 40 Esc.; elle devoit
se soutenir dans sa position et ga-
gner les hauteurs entre Dwaroschna
et le cabaret de Lesch, pour y pla-
cer de grosses batteries d'artillerie.

Corps de réserve du Grand-Duc Constantin,
10 Bat. 18 Esc.; des hauteurs de-
vant Austerlitz, en arrière de Bla-
sowitz et de Krug: il devoit servir
de soutien à la cavalerie du Prince

Liechtenstein et au corps du Prince
Bagration.

On faisoit dépendre le sort de cette
journée de la rapidité de l'attaque de
notre gauche, et du repliement de la
droite de l'ennemi sur sa gauche. On
supposoit que la bataille ne seroit pas
décisive si le général Bagration n'étoit
pas à même d'opposer une résistance
opiniâtre aux attaques que les Français
pourroient diriger contre lui, et il fut
ordonné à la cavalerie du Prince Liech-
tenstein de tomber sur les mouvemens
ennemis qui voudroient tenter d'enta-
mer, surtout la gauche de ce général
russe.

La cavalerie du lieutenant-général
Kienmayer devoit, après que la pre-
mière colonne auroit passé le défilé de
Tellnitz, couvrir, au-delà de celui-ci,
la gauche de cette colonne, et mar-
cher entre Turas et la Schwarza, en

observant le point du couvent de Rey-
gern.

Il étoit ordonné dans la disposition,
que, dans le cas même où les quatre
colonnes fussent assez heureuses de
s'avancer jusqu'à la chaussée entre La-
tein et Bellowitz, et de repousser l'en-
nemi jusque dans les montagnes, le
bois de Turas devoit cependant rester
occupé par les quatre bataillons desti-
nés à cet effet, afin de conserver la fa-
cilité de manœuvrer autour de lui, et,
s'il le falloit, les moyens de se retirer
par Kobelnitz et Puntowitz, dans la
position de Pratzen, retraite qui, dans
le cas du plus grand malheur, devoit
se faire jusque dans la position de Ho-
diegitz, Niemtschen et Herspitz.

Si l'attaque de la gauche réussissoit,
le général Bagration devoit faire des
mouvemens contre la gauche de l'en-
nemi, et se mettre en communication
avec les quatre colonnes d'infanterie,

à la suite de quoi on vouloit réunir l'armée en avant du village de Latein, entre Lesch et Nennowitz. Les défilés de Schlapanitz, Bellawitz, Kritschen , ainsi dégagés, la cavalerie du Prince Liechtenstein devoit les passer avec célérité, afin de soutenir l'infanterie et de poursuivre, en cas de succès, l'ennemi entre Brünn et Czernowitz.

Le général en chef Koutousoff étoit au centre avec la quatrième colonne.

Le général d'infanterie Buxhoevden commandoit la gauche de l'armée, et marcha avec la première colonne.

Voilà quel étoit le plan d'attaque des alliés; nous allons voir comment il fut dérangé, et comment son exécution ne remédia pas à ses vices.

A sept heures du matin, l'armée combinée se mit en mouvement, et quitta les hauteurs de Pratzen pour s'avancer sur les points indiqués. Chacune des quatre colonnes d'infanterie

pouvoit être observée par l'ennemi ,
auquel il n'échappa pas que leur direc-
tion de marche mettoit de grands in-
tervalles entr'elles, à mesure que ces
têtes de colonnes s'approchoient de la
vallée de Tellnitz, Sokolnitz et Kobel-
nitz. Ce fut sur l'aîle gauche des alliés
que s'engaga le combat. Le corps du
général Kienmayer , placé en avant
d'Aujest, comme nous venons de le
voir, étoit le plus rapproché de l'enne-
mi , et destiné à forcer le défilé de
Tellnitz pour frayer le chemin à la pre-
mière colonne. Celle-ci avoit un grand
détour à faire pour arriver, au-delà de
ce défilé, sur son point d'alignement
avec la seconde colonne, ce qui devoit
faire brusquer l'attaque du village de
Tellnitz. Il y a entre Aujest et Tellnitz
une plaine assez étendue ; quelques
escadrons de hussards s'avancèrent en-
tre sept et huit heures pour reconnoî-
tre l'ennemi. Il avoit sur une hauteur

en avant de ce village, plusieurs compagnies d'infanterie qui en défendoient l'approche, et de petits partis de cavalerie sur la droite, qui s'appuyoient aux étangs de Menitz.

M. de Kienmayer fit avancer un détachement de cavalerie contre cette droite, et un bataillon du premier régiment de Szeckler infanterie sur la hauteur où se tenoit l'infanterie française. Celle-ci fut renforcée, et la fusillade commença ; elle devint très-vive sur ce point. Les Français se défendirent avec acharnement, et les Autrichiens, auxquels on avoit envoyé un bataillon de soutien, attaquèrent avec vigueur. Les hussards de Hesse-Hombourg sur la droite, sous le général-major Nostitz, et ceux de Szeckler à gauche, sous le général-major Prince Maurice Liechtenstein, se placèrent sur les flancs de cette infanterie pour contenir la cavalerie ennemie qu'on remarquoit au delà du défilé de Tellnitz, dans le cas où elle voulût le passer pour venir attaquer ces bataillons autrichiens. Les hussards perdirent beaucoup de monde par les tirailleurs ennemis ; ceux - ci profitèrent de l'avantage du terrain , qui leur offroit des vignes et des fossés à l'entour du village, mais ils ne parvinrent pas à éloigner la cavalerie. Le second bataillon du régiment de Szeckler étoit venu renforcer le premier, qui attaquoit la hauteur, et qui avoit perdu plus de la moitié de son monde. Deux fois les Autrichiens furent repoussés , et deux fois ils avancèrent de nouveau jusqu'au pied de cette hauteur, qu'il falloit enlever pour arriver au village. Enfin, le général Stutterheim parvint à s'en emparer avec les deux bataillons.

L'ennemi avoit dans Tellnitz et les vignes autour du village, le troisième régiment de ligne et deux bataillons de tirailleurs. Ces troupes défendirent leur poste avec valeur. M. de Kienmayer fit avancer le général Carneville avec le reste de son infanterie, qui consistoit encore en trois bataillons, au soutien des deux qui étoient sur les hauteurs, et qui se battoient avec beaucoup de valeur ; alors commença une fusillade très-meurtrière. La nature avoit formé un retranchement naturel autour du village, les vignes étoient bordées par un large fossé, dans lequel se tinrent les Français ; les Autrichiens parvinrent cependant à percer jusque dans le village, mais ils en furent repoussés, et ne soutinrent qu'avec peine la hauteur dont ils s'étaient emparés. Le régiment de Szeckler, infanterie, se battit avec acharnement ; les deux tiers furent tués et blessés. Ce combat duroit depuis plus d'une heure, et cependant on ne voyoit pas arriver la tête de la première colonne, avec la-

quelle marchoit M. de Buxhoevden. Il
y avoit encore des troupes de la divi-
sion Legrand au-delà du défilé de Tell-
nitz ; et les Autrichiens, engagés ainsi
dans un combat inégal, parce qu'ils
étoient sans aucun soutien, firent des
efforts qu'à chaque instant ils craigni-
rent voir devenir inutiles. Enfin, M. de
Buxhoevden déboucha d'Aujest avec
la première colonne, et envoya un ba-
taillon du septième régiment de chas-
seurs au soutien des Autrichiens ; une
brigade russe vint former la réserve.
Deux bataillons autrichiens et celui de
chasseurs, qui courut avec impétuosité
sur l'ennemi, attaquèrent le village,
s'en emparèrent, et les autres suivirent.
Les Français, à l'approche de forces
aussi supérieures, évacuèrent le défilé
et se placèrent au - delà en bataille.
M. de Buxhoevden attendit, pour se
porter en avant, que la tête de la se-
conde colonne, qui n'avançoit pas, se

fit voir dans la plaine, entre le pied des hauteurs et Sokolnitz.

L'ennemi reçut vers neuf heures un renfort de quatre mille hommes, du corps d'armée du Maréchal Davoust. Ces troupes accoururent du couvent de Reygern ; les Français, profitant alors d'un brouillard très-épais, qui tout-à-coup obscurcit cette vallée, s'emparèrent de nouveau du village, et vinrent jusque sur la hauteur en deçà. Alors, pour les arrêter, le général Nostiz fit une brusque charge avec deux escadrons des hussards de Hesse-Homburg.

Les chasseurs russes et un bataillon autrichien qui avoit été dans Tellnitz, s'étoient retirés en désordre; le régiment russe de New-Ingermannland devoit les soutenir, et fit une retraite qui, au milieu de ce brouillard, mit la confusion dans une partie de la colonne. L'attaque des hussards avoit arrêté l'infanterie française ; on lui avoit fait quelques centaines de prisonniers. Le brouillard dissipé, on avança de nouveau ; l'ennemi abandonna le village. La première colonne déploya en plusieurs lignes sur la hauteur, et Tellnitz fut repris. On canonna, et lorsque les Français se retirèrent totalement sur ce point, le défilé fut passé sans obstacle par les brigades de cavalerie du Prince Maurice Liechtenstein et du général Stutterheim ; elles se placèrent au-delà en bataille ; Tellnitz et le défilé furent occupés par quelques bataillons avec de l'artillerie. L'ennemi alors abandonna entièrement la plaine entre Tellnitz et Turas ; mais il ne fut pas poursuivi, parce que la communication avec la deuxième colonne n'étoit pas encore établie. La cavalerie autrichienne évita ainsi de tomber dans le piége que lui tendoit, par sa retraite, la droite de l'armée française. Pendant

ce combat près de Tellnitz, les deuxiè-
me et troisième colonnes avoient quitté
les hauteurs de Pratzen, et s'étoient
approchées de Sokolnitz, occupé par
deux bataillons de la division Legrand.
Ces deux bataillons se défendirent à
l'approche des chasseurs russes, qui
étoient à la tête de ces colonnes. Les
Français avoient du canon sur une
hauteur entre Sokolnitz et Kobelnitz
(ce dernier village fut occupé par la
réserve ennemie); il s'établit une assez
vive canonnade devant Sokolnitz, qui
abîma le village. Ces deux colonnes
russes, sans s'inquiéter de ce qui se
passoit à la quatrième, sans communi-
cation directe avec elle, sans se laisser
arrêter par les mouvemens offensifs de
l'ennemi, ne songèrent qu'à la premiè-
re disposition, poursuivirent sans cesse
leurs mouvemens sur Sokolnitz, et a-
près une canonnade longue et inutile,
entrèrent dans ce village, qui fut em-

porté sans grande résistance. Le géné-
ral Müller, des chasseurs russes, fut
blessé, et ensuite pris au-delà de So-
kolnitz. Les deux colonnes en passant
le village, s'y croisèrent; il y eut de la
confusion.

Nous devons pour le moment aban-
donner ce point, et nous transporter
au centre et sur la droite des alliés,
pour voir ce qui s'y passoit pendant la
prise des villages de Tellnitz et de So-
kolnitz. L'Empereur des Français,
auquel il n'avoit pas échappé que
les mouvemens de l'armée austro-
russe manquoient et d'ensemble et de
consistance, qui voyoit que la gauche
par le grand circuit qu'elle devoit faire
s'éloignoit du centre à mesure qu'elle
avançoit, fit marcher contre ce centre
les masses qu'il tenoit réunies, afin de
couper ainsi cette aile qui ne cessoit de
s'avancer imprudemment pour tourner
l'armée française dans une position

où elle n'étoit pas. La réserve de l'armée française, composée de dix bataillons de la garde impériale et de dix bataillons des grenadiers du général Oudinot, qui, rétabli de sa blessure, en prit de nouveau le commandement, resta sur les hauteurs, entre Schlapanitz et Kobelnitz. Cette réserve ne tira pas un coup de fusil pendant la bataille. Le Maréchal Soult avec les deux divisions Saint-Hilaire et Vandamme, placé pendant la nuit, comme nous l'avons vu, dans le fond de la vallée de Kobelnitz, traversa ce village et celui de Puntowitz, pour diriger son attaque sur les hauteurs et le village de Pratzen. Le Maréchal Bernadotte en même temps, après avoir passé, sur un mauvais petit pont à quelques portées de fusil de l'ennemi, le ruisseau du village de Girschikowitz avec la division Rivaud sur sa gauche, et Drouet sur sa droite, prit sa direction sur les hauteurs de Blasowitz. La cavalerie du Prince Murat se plaça sur plusieurs lignes sur la gauche du Maréchal Bernadotte, et marcha entre Girschikowitz et Krug.— Le Maréchal Lannes, ayant à sa droite la division Caffarelli, et à sa gauche celle du général Suchet, se porta en avant sur la gauche du Prince Murat, à cheval sur la chaussée. Dès-lors le combat s'engagea sur tous les points du centre et de la droite des alliés. Le Grand-Duc Constantin avoit dû former avec le corps des gardes, la réserve de la droite, et quitta à l'heure indiquée les hauteurs devant Austerlitz, pour se porter sur celles de Blasowitz et de Krug.— A peine arrivé sur ce point, qu'il se trouva en première ligne et engagé avec les tirailleurs de la division Rivaud, et de la cavalerie légère du Prince Murat, commandée par le général Kellermann. Le Grand-Duc fit en hâte occu-

per le village de Blasowitz par le ba-
taillon des chasseurs de la garde. Au
même instant arriva le Prince Jean
Liechtenstein avec sa cavalerie. Ce gé-
néral devoit se porter, selon la dispo-
sition, sur la gauche du Prince Bagra-
tion, pour être maître de la plaine
devant Schlapanitz. Cette colonne de
cavalerie qui avoit été placée derrière
la troisième colonne, et qui devoit
marcher sur le flanc droit pour se por-
ter sur son point d'attaque, fut arrêtée
dans sa marche par les colonnes d'in-
fanterie, qui la croisèrent lorsqu'elles
se portèrent en avant pour descendre
les hauteurs. Pendant sa marche, le
Prince Liechtenstein avoit fait placer
en hâte dix escadrons sous le lieute-
nant-général Uwarow, sur la gauche
du Prince Bagration, pour assurer le
flanc de ce général, qui avoit une par-
tie de la cavalerie du Prince Murat
devant lui. Après que le régiment de

hussards d'Élisabethgrod, avec le gé-
néral Uwarow, se fût formé en batail-
le, le régiment de uhlans du Grand-
Duc Constantin fut à la tête de la
colonne de cavalerie. Le Prince Liech-
tenstein, arrivé sur la gauche du Grand-
Duc, trouva l'ennemi en présence des
gardes russes ; c'étoit la cavalerie du
général Kellermann , soutenue par
l'infanterie de la gauche du Maréchal
Bernadotte et de la droite du Maré-
chal Lannes. Aussitôt le Prince Jean
Liechtenstein se décida à mettre sa ca-
valerie en bataille, et à charger l'enne-
mi. Le régiment du Grand-Duc fut le
premier qui déploya , mais entraîné
par l'ardeur du brave général Essen,
qui les conduisoit, ces uhlans n'atten-
dirent pas que le reste de la ligne fût
formé, et foudirent ainsi, sans sou-
tien, sur la cavalerie légère de l'enne-
mi. Celle-ci se retira par les intervalles
de l'infanterie, et fut poursuivie avec

trop de chaleur à travers même de ces bataillons. Les uhlans voulurent attaquer la cavalerie française qui étoit en seconde ligne, mais par le feu qu'ils avoient essuyés, ils arrivèrent en désordre, et furent reçus avec contenance par la cavalerie française. La division Caffarelli forma une ligne sur sa droite, celle de Rivaud sur sa gauche, et les uhlans, pris ainsi entre deux feux, perdirent plus de quatre cents hommes ; le lieutenant-général Essen, qui les avoit conduits, fut grièvement blessé, et mourut. Le régiment du Grand-Duc, qui avoit fait cette belle charge, attaqua trop tôt, avec trop de vivacité, et devint la victime de son courage mal dirigé. Il fut mis dans une déroute complète, et regagna ainsi par sa droite le corps du Prince Bagration, derrière lequel il se reforma. Ce général s'étoit enfin porté en avant de la poste de Posorsitz pour s'opposer à la gauche du Maréchal Lannes, qui s'appuyoit à Kovalowitz ; le Prince Bagration avoit fait occuper les villages de Krug et de Holubitz, par le général Ulanius, avec trois bataillons de chasseurs.

Nous arrivons actuellement au centre de l'armée alliée, où le sort de la journée fut décidé. Il étoit trop foible pour résister aux attaques de l'ennemi. Abandonné de la troisième colonne et de toute la gauche, et l'extrémité de la droite n'opérant pas une diversion assez puissante pour partager les forces françaises, ce centre se voyoit attaqué ou menacé par quatre divisions, auxquelles il ne pouvoit, sans espoir de secours, opposer que vingt-sept bataillons très-foibles. Les régimens russes, qui avoient fait la retraite de Braunau, étoient du nombre, et à peine de quatre cents hommes chacun. Il en étoit de même des sixièmes bataillons

autrichiens. On peut évaluer sans exa-
gération que douze mille hommes fu-
rent attaqués ici par vingt-quatre mille,
et tandis que l'armée française n'étoit
dans la totalité pas absolument aussi
nombreuse que celle des alliés, par un
calcul plus heureux que celui des der-
niers, la force de l'ennemi, plus con-
centrée et mieux dirigée, étoit du dou-
ble sur le point le plus important. Le
centre des alliés se trouvoit isolé, ce
qui, par l'éloignement dans lequel é-
toient généralement entr'elles les diffé-
rentes colonnes, excepté les deuxième
et troisième, étoit le cas sur tous les
points, à-peu-près.

L'Empereur de Russie, avec le gé-
néral en chef, arriva à la tête de la qua-
trième colonne au moment où elle dut
se porter en avant. Afin de donner aux
colonnes de la gauche le temps d'avan-
cer, le lieutenant-général Kollowrath,
qui commandoit cette quatrième co-

lonne, reçut ordre de ne se mettre en mouvement que vers huit heures. Le combat près de Tellnitz étoit donc déjà engagé et la gauche en marche, lorsque le centre se forma et se rompit par pelotons par la gauche. L'infanterie russe, commandée par le lieutenant-général Miloradowich, avoit la tête de la colonne. Deux de ses bataillons des régimens de Novogrod et Apscheronsky, commandés par le lieutenant-colonel Monachtin et quelques dragons autrichiens du régiment de l'Archiduc Jean, formèrent l'avant-garde de la colonne et marchèrent à peu de distance devant elle.

Il étoit environ neuf heures, et la troisième colonne venoit de quitter la hauteur de Pratzen pour marcher, selon la disposition, sur Sokolnitz ; la quatrième venoit d'arriver sur le terrain qu'avoit occupé le général Przibischewsky pendant la nuit, lorsqu'on aperçut tout-à coup une grande masse d'infanterie française dans un fond en avant de Pratzen. Dès que ces colonnes ennemies furent découvertes, elles se mirent en mouvement dans le moment où l'avant-garde russe s'approcha du village. Cette masse française étoit formée : les colonnes de droite par la division Vandamme ; celles de gauche par la division Saint-Hilaire. Cependant l'avant-garde de la quatrième colonne se hâta d'occuper le village de Pratzen et atteignit un petit pont au-delà avant les tirailleurs ennemis ; elle le passa et plaça un de ses bataillons sur une hauteur à gauche en avant du village, où encore se trouvoit la queue de la troisième colonne ; le second bataillon de l'avant-garde occupa le village même.

Le général Koutousoff, surpris par ce mouvement de l'ennemi, croyant attaquer et se voyant attaqué au milieu

de ses combinaisons et de ses mouve-
mens, sentit toute l'importance de sou-
tenir les hauteurs de Pratzen sur les-
quelles les Français marchoient ; elles
étoient dominantes ; elles seules assu-
roient les derrières de la troisième co-
lonne, qui toujours avançoit et s'a-
venturoit avec une grande impruden-
ce, oubliant l'ennemi et ne voyant que
la première disposition. Le plateau de
la hauteur de Pratzen décidoit de la
journée ; il avoit été la clef de la posi-
tion que l'armée alliée venoit de quit-
ter et par la situation embrouillée des
différentes colonnes, leur sort dépen-
doit de celui qui étoit maître de cette
hauteur. Dès que le général en chef,
qui étoit à la tête de la colonne, fut
instruit par son avant-garde que l'en-
nemi étoit si près de lui, il donna ses
ordres pour lui faire face et pour occu-
per la hauteur : en même temps il fit
chercher de la cavalerie de la colonne

du Prince Jean Liechtenstein , qui lui envoya quatre régimens russes. Les Français dirigèrent, avec beaucoup de calme , les deux masses d'infanterie, qui s'avancèrent à pas lents. Une troisième colonne ennemie se fit voir alors sur la droite de Pratzen , et menaça de passer entre l'intervalle de la quatrième colonne et de la cavalerie du Prince Jean Liechtenstein. Cette colonne française étoit du corps d'armée du Maréchal Bernadotte. Aussitôt l'infanterie russe de la quatrième colonne marcha sur la droite de Pratzen et envoya du renfort aux bataillons de l'avant-garde qui étoient déjà sur la hauteur qu'on devoit soutenir ; mais cette avant-garde, attaquée par des forces supérieures, l'abandonna après une très-courte résistance.

Le combat alors s'engagea vivement. On voulut regagner le terrain que l'avant-garde avoit perdu. Les Russes attaquèrent, tirèrent de trop loin et sans assez d'effet. Les colonnes françaises avancèrent toujours sans répondre à ce feu ; mais à la distance d'environ cent pas, elles commencèrent la fusillade, et alors elle devint générale et extrême-ment meurtrière. L'ennemi peu-à-peu développa ses masses , se mit en ba-taille sur plusieurs lignes , et marcha avec rapidité sur la hauteur, appuyant sa gauche à l'église du village et sa droite sur le point le plus élevé de ces hauteurs. Là il forma un crochet pour faire face à la queue de la troisième colonne. C'étoit la brigade du général Kamensky, qui étoit séparée de cette colonne et qui avoit fait front sur la hauteur, en menaçant la droite du Ma-réchal Soult.

On vouloit encore déloger l'ennemi des hauteurs dont il s'étoit emparé et l'empêcher de s'y fixer.

L'Empereur de Russie, qui pendant

ce combat meurtrier étoit resté avec son infanterie de la quatrième colonne et qui s'exposoit sans cesse pour remédier au désordre, ordonna à ses bataillons de se porter en avant et de tâcher de prendre l'ennemi en flanc. Le général Kollowrat reçut l'ordre d'arrêter l'ennemi sur la gauche et fit avancer à cet effet les brigades autrichiennes des généraux Jurczeck et Rottermund contre les hauteurs sur lesquelles toujours les Français s'étendoient de plus en plus et gagnoient du terrain, en poursuivant les bataillons russes qui avoient été poussés en avant. Les premiers bataillons autrichiens qui formèrent cette attaque marchèrent à l'ennemi avec sang-froid et intrépidité; ce n'étoient que des troupes de nouvelle levée. Ils abordèrent un régiment français qui avoit été le premier à se porter en avant sur la crête de la hauteur et qui se trouvoit presque entouré. Les Français reçurent les Autrichiens avec contenance et se défendirent avec valeur; ils furent cependant forcés à la retraite ; mais ils reçurent du renfort et regagnèrent promptement le terrain perdu. Deux régimens russes de la seconde colonne, celui de Fanagorisky grenadiers et Rhiasky mousquetaires, qui étoient en réserve sur la hauteur que cette colonne avoit occupée pendant la nuit, vinrent, par ordre du général en chef, renforcer la brigade du général Kamensky. Les troupes de ce général se battirent très-bravement pendant ce malheureux combat. Elles vinrent soutenir les brigades autrichiennes et ce renfort paroissoit devoir rétablir la balance des forces pour l'attaque du plateau, sur lequel les généraux français firent manœuvrer leurs troupes avec cet usage que donnent le coup-d'œil et l'expérience militaires, tirant parti des sinuosités que leur offroit le terrain pour se mettre à couvert du feu et pour cacher leurs mouvemens. Il n'y avoit qu'une attaque générale et désespérée à la baïonnette qui encore pouvoit sauver cette journée. Les brigades autrichiennes avec celle du général Kamensky, coururent sur les Français, les Russes, avec leurs cris ordinaires ; mais les Français les reçurent avec fermeté et un feu bien nourri, qui fit un grand ravage dans les rangs serrés des Russes. Le général Miloradovich avança de son côté sur la droite, mais les généraux Berg et Repninsky étant blessés, sa troupe avoit perdu cette confiance en elle-même, sans laquelle on ne fait rien à la guerre. L'ardeur de cette attaque se calma bientôt ; les forces supérieures de l'ennemi et sa contenance la firent changer en une marche lente, incertaine, accompagnée d'un feu de mousqueterie mal dirigé. Cependant l'exemple

de quelques officiers fit pendant un mo-
ment avancer de nouveau la gauche avec
intrépidité; l'aile droite des Français
plia un instant. Le régiment de Salz-
bourg et le bataillon d'Auersperg se bat-
tirent avec beaucoup de courage; la bri-
gade Kamensky toujours se distinguoit;
le général autrichien Jurczech fut griè-
vement blessé; mais l'ennemi, pénétré
de l'importance de son poste, attaqua à
son tour les alliés, qui étoient sans sou-
tien quelconque, et absolument aban-
donnés de la gauche de l'armée. La qua-
trième colonne perdit sans ressource
toutes les hauteurs de Pratzen, et la
plus grande partie de son artillerie, em-
bourbée dans la terre glaise de ce pays.
On tâcha le plus que faire se pouvoit de
remédier au désordre qu'entraînoit né-
cessairement une retraite pareille. L'en-
nemi en attendant avoit fait avancer son
artillerie et l'employa vigoureusement à
foudroyer les alliés pendant cette retrai-

te, ce qui acheva d'y mettre le désordre. Les Autrichiens de cette colonne eurent un général, six officiers majors, dix-neuf officiers subalternes, mille huit cent quatre-vingt-six soldats tués et blessés; cinq officiers, quatre cent soixante-dix soldats prisonniers. Ce combat sur les hauteurs de Pratzen dura environ deux heures. Dès-lors le sort de la bataille fut décidé. La quatrième colonne alla sur Waschan, et se rendit, comme le disoit la disposition, dans la position de Hodiegitz et Herspitz, où elle rassembla ses bataillons. L'ennemi, en possession des hauteurs, n'inquiéta pas cette retraite et resta près de Pratzen pour y attendre, probablement, l'issue des mouvemens de la gauche des alliés. Le lieutenant-général Prince Jean Liechtenstein, après la malheureuse attaque des uhlans, couvrit avec sa cavalerie le terrain entre Blasowitz et Pratzen. Le général autrichien Caramelli chargea avec le régiment de Lorraine cuirassiers sur l'infanterie ennemie, qui sortant de Girschikowitz, profita des vignes entre ce village et celui de Pratzen pour prendre en flanc les Russes. Cette attaque arrêta un moment les Français devant le front duquel le cheval du général Caramelli fut tué. Le commandant de ce régiment, un major Comte d'Auersperg, fut tué. Le Prince Jean Liechtenstein fit également attaquer par le régiment de Nassau, l'infanterie française. Alors déjà la quatrième colonne avoit perdu les hauteurs de Pratzen et fut mise en déroute. Le Prince Jean Liechtenstein vola sur ce point pour couvrir la retraite avec la cavalerie qui lui restoit encore. Ce général chercha à rallier quelques bataillons autrichiens, qui pendant leur retraite étoient en désordre comme l'infanterie russe, et son activité eut du succès : il perdit son cheval d'un coup

de mitraille ; jusqu'à la nuit la cava-
lerie occupa le pied de la hauteur de
Pratzen entre ce village et celui de Krze-
nowitz.

Pendant qu'on se battoit ainsi sur
les hauteurs de Pratzen, et que la cava-
lerie du Prince Jean Liechtenstein
tâchoit de faire face et de droite et de
gauche à l'infanterie ennemie et à une
partie de la cavalerie du Prince Murat,
pour arrêter, ou retarder du moins,
les succès des Français, le Grand-Duc
Constantin se trouvoit également en-
gagé dans un combat très-opiniâtre.
Le village de Blasowitz qu'il avoit fait
occuper, comme nous l'avons vu tan-
tôt, fut attaqué et emporté par les trou-
pes du corps d'armée du Maréchal
Bernadotte. Le Grand-Duc voulut arrê-
ter l'ennemi, abandonna les hauteurs
dominantes sur lesquelles il se trouvoit,
et avança en ligne sur les masses enne-
mies. Il y eut d'abord une fusillade très-

vive ; les tirailleurs français qui étoient devant leurs masses, disputèrent leur terrain : ils furent enfin forcés à la retraite par l'attaque à la baïonnette que fit faire le Grand-Duc; alors commença sur ce point une canonnade extrêmement vive et meurtrière. La mitraille faisoit un grand ravage; mais au moment où ce Prince s'approcha des Français, qui alors déjà étoient en ligne, la cavalerie des gardes commandée par le Maréchal Bessières, et placée dans les intervalles de l'infanterie, chargea la ligne russe, qui, sans soutien, fut ainsi reconduite après s'être valeureusement défendue.

Le régiment des gardes à cheval du Grand-Duc, pour dégager l'infanterie, fit une charge sur le flanc des Français, arrêta sur ce point la cavalerie, la renversa et attaqua l'infanterie ennemie qui s'étoit portée en avant au soutien de la cavalerie. Le régiment des gardes à cheval prit à cette occasion une aigle française d'un bataillon du quatrième régiment. Le corps des gardes forcé à la retraite, après une grande perte, rassembla et forma ses bataillons sur la hauteur qu'il avoit abandonnée précédemment et continua son mouvement sur Austerlitz en marchant vers Krzenowitz. La cavalerie ennemie revint de nouveau à la charge, mais fut arrêtée par les chevaliers gardes et quelques escadrons des hussards de la garde, qui se jetèrent avec une grande impétuosité sur les Français au moment où ceux-ci voulurent charger l'infanterie en retraite. Les chevaliers gardes attaquèrent avec valeur et furent aux prises avec les grenadiers à cheval de la garde française, qui, conduits par le général Rapp, étoient venus renforcer la cavalerie ennemie. La retraite des gardes russes s'effectua dès-lors sur Austerlitz sans être inquiétée par les Français, qui retèrent en avant de Blasowitz sur les hauteurs. L'un des colonels des chevaliers gardes, le Prince Repnin, fut blessé et fait prisonnier avec quelques officiers du même corps. Les gardes russes perdirent beaucoup de monde, mais peu de prisonniers. — Le Prince Bagration, pendant ces combats sur la gauche, s'étoit, comme nous l'avons dit, porté en avant de la poste de Posorsitz et avoit tâché d'occuper les hauteurs de Dwaroschna ; le Lieutenant-général Uwarow étoit avec sa cavalerie sur la gauche de celui-ci, près de Holubitz ; ce village, et celui de Krug, étoient occupés, comme nous venons de le voir. Mais le Maréchal Lannes arriva en colonnes sur la gauche du Prince Bagration et sur la droite de la cavalerie du Général Uwarow, et arrêta ainsi la marche de la droite des alliés. Le Maréchal Lannes avoit, pour couvrir la gauche de l'armée française, et sa retraite en cas de revers, dix-huit pièces de canon gardées par le vingt septième régiment d'infanterie sur la hauteur dominante entre Lesch et Kowalowitz, à gauche de la chaussée de Brünn : c'étoit la même qu'avoit dû occuper le Prince Bragation. Ce général fut obligé de renforcer sa gauche, où s'établit d'abord une vive canonnade, et d'envoyer presque toute la cavalerie de son corps au Général Uwarow, qui commandoit ainsi environ trente escadrons. L'ennemi cependant repoussa le général Ulanius des villages de Krug et Holubitz, et avançoit toujours avec ses colonnes, et une partie de la cavalerie du Prince Murat protégeoit cette marche. Il y eut sur ce point plusieurs très-belles charges de cavalerie tant des Russes que des Français. Les efforts du général Uwarow, qui conduisit sa cavalerie avec intelligence et bravoure, arrêtèrent les progrès rapides que d'ailleurs l'ennemi auroit faits sur la droite des alliés. Le Prince Bagration, après s'être so utenu long-temps à Posorsitz, se retira sur les hauteurs de Rausnitz au moment où les gardes russes abandonnèrent les hauteurs derrière Blasowitz, et reçut le soir l'ordre de marcher à Austerlitz, ce qui laissa entièrement à découvert la route de Wischau, où la grande partie des équipages de l'armée fut enlevée ensuite par l'ennemi. Le lieutenant-général Uwarow protégea cette retraite avec sa cavalerie. A 6 heures du soir le Prince Bagration se plaça derrière Austerlitz, tandis que la cavalerie autrichienne du Prince Jean Liechtenstein occupoit encore les hauteurs devant cette ville.

Nous allons maintenant nous transporter à Tellnitz et Sokolnitz. Nous y avons laissé les première, deuxième et troisième colonnes, poursuivant leur marche sur les points d'attaque fixés

dans la disposition , sans trop s'inquié-
ter des mouvemens ennemis, et ne sa-
chant pas donner à leurs masses la di-
rection que le terrain et la position de
l'ennemi auroient cependant dû leur
indiquer au premier coup d'œil. Ces
trois colonnes étoient fortes de cin-
quante-cinq bataillons , en décomp-
tant la brigade du général Kamensky,
qui ne les avoit pas suivies, et n'avoient
en tête que la division Legrand , qui
n'étoit que de cinq à six mille hommes,
et quatre mille hommes du corps d'ar-
mée du Maréchal Davoust. Si la gau-
che de l'armée des alliés , sur le champ
de bataille, avoit observé les mouve-
mens de l'ennemi, réfléchi sur ses des-
seins, saisi les avantages que le terrain
pouvoit offrir, et profité des moyens
de se réunir qu'il lui présentoit, pour
exécuter une manœuvre hardie par la
hauteur de la chapelle au-dessus d'Au-
jest, dont le prolongement s'étendoit

jusqu'à Pratzen, le combat auroit pu être prolongé, et amener des chances qui, au moins, auroient rendu cette journée moins décisive. Le mouvement offensif des Français dérangea l'attaque des alliés, et dès-lors leurs combinaisons cessèrent.

Nous avons laissé les deuxième et troisième colonnes dans Sokolnitz, que la tête de cette dernière avoit passé, Ces deux colonnes, comme on l'a vu, s'étoient croisées pendant le brouillard épais dont il a été fait mention; elles étoient en désordre dans ce village, où elles s'encombrèrent. Dans le même moment les Français, qui avoient combattu devant Tellnitz, se retirèrent sur Sokolnitz; le Général Legrand fit tourner le village par le Général Franceschi. Le centre des alliés étoit alors déjà percé, et les Français sur les hauteurs de Pratzen. Les Russes dans et au-delà de Sokolnitz, voyant l'ennemi

autour d'eux, se rendirent. Le lieute-
nant-général Przibischewsky, com-
mandant la troisième, et six mille hom-
mes des deux colonnes, furent faits pri-
sonniers dans la vallée de Sokolnitz;
les deux colonnes perdirent toute leur
artillerie.

Les débris de la deuxième colonne
allèrent en désordre sur Aujest, et ce
qui en resta formé vint se replier sur la
première colonne. Celle-ci, instruite
trop tard de l'attaque des Français sur
le centre, voulut aller à son secours,
mais prit une fausse direction pour fai-
re une diversion en sa faveur. La cava-
lerie autrichienne, que nous avons lais-
sée au-delà de Tellnitz, repassa ce
village qui fut évacué; sur la hauteur
en deçà on plaça quelques bataillons
d'infanterie avec de la cavalerie pour
observer ce point, et pour assurer la
marche de M. de Buxhoevden, qui se
portoit sur Aujest, par où il étoit venu.

— Les hussards de Szeckler, sous le Prince Maurice Liechtenstein, et les chevau-légers d'Oreilly, avec deux régimens de cosaques, sous le général Stutterheim, s'avancèrent dans là plaine entre le pied des montagnes et les villages de Tellnitz et Sokolnitz pour protéger le flanc de l'infanterie russe. Le général Nostitz avec les hussards de Hesse - Hombourg marchoit avec la colonne. Alors déjà les Français, après leur succès sur le centre, avoient fait avancer leur réserve de vingt bataillons, et s'étoient étendus le long de la crête des hauteurs qu'avoient occupées les alliés le matin, depuis Pratzen jusqu'à la chapelle au dessus d'Aujest ; mais l'ennemi n'étoit encore qu'en petit nombre ; mais il étoit sans canon au-dessus de ce village. Si la première colonne des alliés, renforcée par quelques bataillons de la deuxième, et forte actuellement de plus de trente bataillons, s'étoit portée en masse sur ces hauteurs, et les eût attaquées; si, au lieu de passer un défilé, dont l'ennemi occupoit la hauteur, cette colonne avoit chargé le flanc des Français, une diversion en faveur du centre auroit été possible, et une défaite dans Aujest, qui étoit facile à prévoir, eût été évitée. En marchant sur la hauteur d'Aujest, la gauche des alliés pouvoit rétablir une chance en faveur de l'issue de la bataille, et cette gauche, ne pouvant pas alors être mise en désordre, n'auroit pas perdu tant de monde. Supposé qu'elle n'eût pas réussi à se soutenir sur la hauteur, elle avoit toujours une retraite assurée sur Scharoditz.

Au moment où la colonne arriva dans Aujest, les Français fondirent de la hauteur sur le village, où il y eut d'abord une fusillade très-vive, mais courte, et ils s'emparèrent du village.

C'étoit la division Vandamme qui avoit été à l'extrémité de la droite sur les hauteurs de Pratzen, et qui, à mesure que les Français couronnèrent cette hauteur, avoit filé sur celle de la chapelle au-dessus d'Aujest. Le général d'infanterie Buxhoevden passa le village avec quelques bataillons, et rejoignit l'armée près d'Austerlitz ; il y eut sur ce point du désordre, et quatre mille hommes furent pris dans et autour d'Aujest ; ils perdirent leurs canons. Beaucoup d'entre ceux qui étoient en déroute se jetèrent sur le lac qui étoit gelé, mais pas assez cependant pour que quelques-uns n'y périssent. L'ennemi, qui, en attendant, avoit reçu son artillerie, poursuivit vigoureusement avec elle ces fuyards, qui passèrent ensuite par Satschan, et vinrent le soir rejoindre l'arrière-garde sur les hauteurs de Neuhof. Le centre et la queue de cette première colonne, qui étoit très-forte, se replièrent sous le lieutenant-général Dochtorow, sur la plaine entre Tellnitz et le lac, après que les Français eurent occupé Aujest. Cette infanterie étoit ensemble, mais pas en ordre. Le lieutenant-général Dochtorow parvint un moment à le rétablir, et ne songea dès-lors plus qu'à la retraite. Elle étoit difficile, et ne pouvoit s'effectuer que sur une digue très-étroite entre les lacs, où on ne pouvoit marcher qu'à deux de front. Il étoit à craindre que les Français en passant Aujest et Satschan, et faisant le tour du lac, ne coupassent ainsi cette digue et toute retraite aux Russes. Alors il eût été impossible de sauver les restes de la gauche des alliés. Le lieutenant-général Kienmayer prit les devants avec les hussards de Hesse-Hombourg, afin d'assurer cette retraite, et se plaça sur les hauteurs entre Satschan et Ottnitz pour observer ce point. La cavalerie autrichienne soutenoit toujours le général Dochtorow, et avançoit pendant ces mouvemens sur la plaine entre Aujest et Sokolnitz. Les généraux qui conduisirent les régimens d'Oreilly, chevau-légers, et de Szeckler, hussards, allèrent à la rencontre de deux régimens de dragons français qui venoient de Sokolnitz, mais qui, voyant l'infanterie russe soutenue, marchèrent par leur gauche sur la hauteur près d'Aujest, et se placèrent à la tête de la division Vandamme. La fin de cette bataille étoit tellement surprenante, qu'on vit alors les troupes françaises de la droite tourner le dos à Austerlitz pour attaquer les restes de la gauche des alliés, et descendre, à cet effet, les mêmes hauteurs, d'où le matin celle-ci avoit marché à eux. Lorsque la première colonne se porta en avant, les Français avoient appuyé leur droite au lac; actuellement ils y avoient leur gauche, et les Russes leur droite. Il étoit environ deux heures après midi, et le combat. sur le reste de la ligne étoit décidé et fini, lorsque la division Vandamme vint l'achever. Il y avoit en arrière de Tellnitz, entre ce village et Menitz, une hauteur assez élevée dont la droite touchoit au lac. L'infanterie russe se retira sur elle, toujours sous la protection de la cavalerie autrichienne, qui fut criblée de coups de mitraille. Le village de Tellnitz bordé de fossés, comme il a été dit plus haut, offroit un moyen de défense; on l'employa, et pour donner au reste de la colonne la facilité et le temps de filer, un régiment d'infanterie russe, sous le général-major Lewis, se plaça derrière ce fossé; il y fut attaqué et se défendit vigoureusement. La retraite du général Dochtorow continua dès-lors. La cavalerie occupa la hauteur dont il a été fait mention pour sauver une grande masse de cette colonne, qui de nouveau étoit dans un désordre complet. Les Français s'emparèrent de Tellnitz, beaucoup de traîneurs russes y furent pris ; ils firent avancer jusqu'aux bords du lac l'artillerie légère de la garde pour éloigner la cavalerie autrichienne, placée sur la hauteur, et prenant ainsi les chevau-légers d'Oreilly en flanc, ils leur firent perdre beaucoup de monde. Mais rien n'empêcha ce brave régiment de couvrir avec intrépidité la retraite des Russes.

Le colonel Degenfeldt fit si bien placer sa batterie légère, qui dominoit celle des Français, que leur feu devint beaucoup moins vif. Le colonel des hussards de Szeckler fut grièvement blessé d'un coup de mitraille à la tête.

L'infanterie russe, fatiguée, exténuée, se retiroit lentement, et la cavalerie dut long-temps soutenir son poste. Enfin, cette fameuse digue, qui étoit l'unique retraite qui restoit à la disposition des débris de la première colonne des alliés, et qui avoit donné de justes inquiétudes, fut heureusement passée ; sur elle encore les Français, qui en attendant avoient occupé la hauteur que la cavalerie venoit de quitter, poursuivirent celle-ci de leur canon.

Les deux généraux autrichiens qui protégeoient la retraite du général Dochtorow, s'arrêtèrent au-delà de la digue, sur les hauteurs en avant de Neuhoff, où on tâcha de remettre l'ordre dans les bataillons russes qui formoient encore un corps de huit mille hommes, au moins. Il étoit alors environ quatre heures et déjà il commençoit à faire nuit. La retraite se continua par Boschowitz ; ces troupes marchèrent toute la nuit par une forte

pluie ; elle acheva d'abîmer les chemins et d'embourber les canons ; ils
furent abandonnés. La cavalerie autrichienne fit l'arrière - garde sans être
poursuivie par les Français qui s'étoient arrêtés sur la digue. Le régiment
d'Oreilly sauva ses canons.

L'armée française couronna la position qu'avoit occupée l'armée des alliés
dans la nuit précédente ; cette dernière, après que les deux Empereurs se
furent donnés les plus grandes peines
sur le champ de bataille, pour remédier au désordre général, se retira entièrement le soir derrière Austerlitz,
dans la position de Hodiegitz. Mais les
pertes très - considérables en tués et
blessés, et la quantité de prisonniers et
de troupes débandées , surtout des
première, deuxième, troisième et quatrième colonnes, firent arriver cette
armée derrière Austerlitz dans un état
prodigieusement affoibli , au moins

quant aux moyens disponibles. La cavalerie autrichienne, commandée par le général Prince Hohenlohe , qui remplaça le Prince Jean Liechtenstein , chargé, comme on sait, dès le soir, d'une mission auprès de l'Empereur Napoléon ; cette cavalerie seule eut pendant la nuit des détachemens en avant d'Austerlitz, et fit l'arrière-garde de l'armée. Ainsi finit cette journée mémorable.

Si dans le récit qu'on vient de lire, il s'est peut-être glissé quelques erreurs de détail, les militaires qui ont fait la guerre, les pardonneront ; leur expérience leur dira combien il est difficile de se procurer sur les petits détails d'un grand combat, d'exactes notions. Le même objet est rarement vu de la même manière par quatre yeux. Mais quant à l'ensemble, aux plans, aux grands mouvemens ; mais quant à leur exécution et leurs résultats, c'est la vérité, une connoissance exacte de ce qui s'est fait, et la plus grande impartialité, qui ont conduit cette plume.

Il n'aura pas échappé aux militaires expérimentés que ce sont principalement les causes suivantes qui firent perdre la bataille aux alliés : Les notions inexactes qu'ils avoient sur l'armée française ; le mauvais plan d'attaque qu'ils suivirent, supposant celle-ci retranchée dans une position qu'elle n'occupoit pas ; le mouvement exécuté la veille de la bataille et à la vue de l'ennemi pour se porter sur la droite des Français ; la grande distance qu'il y avoit entre les colonnes, lorsqu'elles quittèrent les hauteurs de Pratzen et leur manque de communication entr'elles, voilà les premiers malheurs de l'armée austro-russe ; mais il y auroit eu moyen de rétablir, malgré ces fautes très-graves, des chances en fa-

veur des alliés : si les deuxième et troi-
sième colonnes se fussent moins in-
quiétées de leur disposition et plus de
l'ennemi , qui par son mouvement
hardi dérangeoit absolument la base
sur laquelle le plan d'attaque étoit cal-
culé ; si la première colonne, qui en
avoit les moyens, au lieu de se re-
tirer par Aujest, comme on l'a déjà
dit, eût marché au secours des deux
qu'on vient de nommer, et enfin avec
elles, ou leurs restes au moins, sur les
hauteurs que les Français n'occupoient
que précairement, tant que la gauche
des alliés n'étoit pas en déroute, et que
l'extrémité de leur droite, qui ne fit
que de foibles démonstrations, étoit à
Posorsitz.

On ne parle pas ici des pertes des
deux armées dans la bataille d'Auster-
litz. Il est impossible aux personnes
mêmes qui se trouvent sur un champ
de bataille d'évaluer exactement la

quantité de morts et de blessés de cha-que parti.

La journée du 2 décembre fut très-sanglante. Le peu d'Autrichiens qu'il y avoit encore, n'étoit pas réuni sur un point, comme on l'a vu, mais se con-duisit sur tous, avec une chaleur sou-tenue; il n'y eut que les sixièmes bataillons des régimens de Würtemberg et de Reuss-Graitz, qui, lorsque la quatrième colonne fut battue, étoient en déroute. Les Russes, au commence-ment, combattirent avec intrépidité, les gardes surtout et les uhlans se dis-tinguèrent par leur courage. L'infan-terie française manœuvra avec calme, précision, se battit avec audace et exé-cuta avec un grand ensemble ses mou-vemens hardis. Après d'inutiles efforts, le vacillement se mit dans les bataillons russes; le désordre et enfin la déroute suivirent l'imprudence des deuxième et troisième colonnes. La quatrième colonne des alliés abandonna une partie de son artillerie; les première, deuxième et troisième colonnes perdirent toute la leur, excepté le corps du Général Kienmayer, qui sauva la sienne. Ainsi qu'on l'a déjà dit, ces canons s'embourbèrent, et les chevaux russes, plus faits pour la course que pour tirer, ne purent pas sortir leurs pièces de la terre glaise dans laquelle elles étoient enfoncées. On peut évaluer à quinze mille hommes le nombre des prisonniers russes; celui des tués et blessés doit avoir été considérable. Il y avoit d'ailleurs, comme toujours dans de pareils malheurs, beaucoup de soldats débandés de l'armée alliée. — La perte de l'armée française a dû être également assez forte; le feu au commencement de la bataille étoit trop vif pour ne pas renverser beaucoup de monde; mais toujours cette diminution des forces françaises n'étoit-elle pas à mettre

en comparaison avec celle des alliés.
Les Généraux tués, blessés et pris sont
connus.

Le 3 et 4 décembre.

L'armée austro-russe avoit eu tant
de difficultés à subsister sur la ligne
d'opération qu'elle avoit suivie lors
de ses mouvemens offensifs, qu'on la
lui fit abandonner dans sa retraite pour
la diriger sur la route de la Hongrie.
Les alliés quittèrent après minuit la
position de Hodiegitz, et marchèrent
sur Czeitsch, où ils arrivèrent dans
la matinée du 3 décembre. La colonne
du général Dochtorow arriva sur la
route de la Hongrie à Niskowitz, où
elle trouva le général Kienmayer,
formant alors l'arrière-garde des alliés.
Cette colonne russe continua sa mar-
che pour rejoindre l'armée à Czeitsch;
mais pendant la nuit encore elle per

dit du monde, qui s'étoit égaré dans les bois et dans les villages. La cavalerie autrichienne qui avoit protégé la retraite de ces débris de la gauche de l'armée combinée, et qui faisoit partie du corps de M. de Kienmayer, s'arrêta à Niskowitz. Le lieutenant général Prince Bagration étoit à une lieue derrière ce corps autrichien, occupant les hauteurs d'Urschütz. Il y a entre Niskowitz et Urschütz un grand bois, par lequel les Français pouvoient tourner et cerner le corps de Kienmayer, poussé ainsi trop en avant. Aussi ne s'arrêta-t-il dans cette position que le temps qu'il falloit et pour donner aux traîneurs de l'armée ainsi qu'à quelques équipages, celui de filer sur Urschütz, et pour observer les mouvemens des Français. Dès que ceux-ci, qui le matin étoient entrés dans Austerlitz, marchèrent en avant, le général Kienmayer se replia sur le général Bagration, et forma en avant de Saruschitz le soutien de ce corps. Un détachement de chevau-légers d'Oreilly avec quelques cosaques furent envoyés à Stanitz pour observer cette route. Le corps de M. de Merveldt avoit reçu l'ordre de se retirer de Lunenbourg vers Goeding, d'observer la gauche et principalement les deux routes d'Auspitz et de Nickolsbourg.

L'armée française marcha le 3 décembre en avant de la manière suivante :

La cavalerie du Prince Murat avoit, dès le soir de la bataille, poussé des détachemens sur Rausnitz et Wischau ; elle suivit cette route, fit un immense butin, s'avança jusqu'au-delà de Prosnitz et dirigea ensuite de gros détachemens sur Kremsir.

Le Maréchal Lannes suivit d'abord la même route, et prit ensuite sur sa droite pour se porter sur la droite des alliés par Butschowitz et Stanitz. Les Maréchaux Soult et Bernadotte, les gardes impériales et la réserve des grenadiers, après que l'Empereur Napoléon eut été instruit de la direction de marche des alliés, furent placés sur la route de la Hongrie, mais ne s'avancèrent que lentement, pour donner probablement à l'extrémité de la droite de l'armée le temps de gagner du terrain sur la gauche des alliés.

Le Maréchal Davoust marcha sur le flanc gauche de l'armée austro-russe, par la route de Nickolsbourg, où étoit la division Gudin, et celle d'Auspitz, où étoit le reste de ce corps d'armée ; ces deux routes se réunissent à une demi-lieue de Goeding.

Le Prince Bagration avoit placé quelques postes en avant dans le bois d'Urschütz. Les Français firent, vers deux heures après-midi, une reconnoissance , s'emparèrent de ce bois et s'y établirent jusqu'à la lisière. Il y eut alors un petit combat qui dura une couple d'heures , et dans lequel le général Bagration garda sa position ; mais il la quitta le soir, se retira vers Czeitsch, et le général Kienmayer se plaça devant lui sur les hauteurs de Nasedlowitz , poussant ses avant-postes vers Urschütz.

Le 4 décembre , l'armée des alliés passa la March et fut à Hollitsch , où elle arriva avec une grande diminution de forces et avec très-peu de soldats à mettre en ligne , surtout en comparaison de l'armée qui lui étoit opposée. L'Empereur Alexandre logea au château de Hollitsch ; celui d'Allemagne resta à Czeitsch pour être à portée de l'entrevue qui se préparoit avec l'Empereur des Français.

Il devoit y avoir armistice dès la pointe du jour du 4. Le Prince Jean

Liechtenstein étoit revenu la veille du quartier-général de l'Empereur Napoléon avec cette nouvelle. Mais l'avant-garde n'ayant probablement pas reçu à temps des ordres à cet égard, vint de grand matin attaquer les postes de M. de Kienmayer, qui resta sur les hauteurs de Nasedlowitz. Le Prince Bagration alors se retira jusque derrière Czeitsch. Cependant ce mal-entendu et le feu cessèrent bientôt. Il y eut suspension d'armes; on laissa un espace d'une demi-lieue environ entre les avant-postes des deux armées. Celle de l'Empereur des Français s'étoit portée en avant et prit position sur plusieurs lignes entre Damborschütz et Saruschütz en avant d'Urschütz.

Alors les deux Empereurs, François II et Napoléon eurent, à peu de distance du village de Nasedlowitz, près d'un moulin, à côté de la grande route et en plein air, la fameuse entre-

vue qui pacifia les deux empires. L'en-
tretien de ces deux souverains dura
long-temps ; l'Empereur d'Allemagne
retourna ensuite à Czeitsch, où il ar-
riva le soir, et s'y occupa d'informer
son allié du résultat de cette entrevue.
Un général autrichien devoit partir à
cet effet promptement pour Hollitsch,
et le général Savary, aide-de-camp
général de l'Empereur Napoléon, fut
nommé par son souverain pour suivre
d'abord l'Empereur François II, et
pour continuer ensuite sa course avec
le général qui seroit chargé d'aller à
Hollitsch. Le général Savary devoit
arrêter la marche du corps d'armée
du Maréchal Davoust, dans le cas
où sa Majesté l'Empereur de toutes
les Russies voulût consentir aux con-
ditions de l'armistice, et le général
autrichien accompagner alors le géné-
ral français pour prévenir de l'armistice
le corps de Merveldt. Le général Stut-

terheim, qui étoit de l'arrière-garde du corps où l'entrevue avoit eu lieu, fut choisi par son souverain pour cette commission. Il étoit minuit lorsque ces généraux arrivèrent à Hollitsch, où ils eurent le bonheur d'être introduits auprès de l'Empereur Alexandre, qui les accueillit avec bonté, et ne mit pas d'obstacle à l'armistice. Ils repartirent sur-le-champ pour chercher le corps du lieutenant-général Merveldt, et pour arrêter celui du Maréchal Davoust, et rencontrèrent le premier à deux heures du matin, en retraite sur Goeding. M. de Merveldt, comme on l'a vu, devoit protéger la gauche de l'armée russe, mais il n'avoit sous ses ordres qu'environ quatre mille hommes d'infanterie et cinq cents chevaux; il lui fut donc impossible d'arrêter la marche de la droite de l'armée française. Le Maréchal Davoust étoit à Josephsdorf lorsque les deux généraux

qui le cherchoient le trouvèrent envi-
ron à quatre heures du matin. L'avant-
garde du général Gudin étoit à Neu-
dorf. D'après ce qui avoit été convenu
entre les Empereurs François II et
Napoléon, toutes les troupes restèrent
sur la place où elles avoient reçu l'or-
dre de cesser les hostilités. Le lende-
main le Prince Jean Liechtenstein
retourna à Austerlitz, où étoit le quar-
tier-général de l'Empereur Napoléon,
pour y négocier la démarcation à fixer
pendant la durée de l'armistice, qui
précéda la paix entre l'Autriche et la
France.

Le même jour, 4 décembre, où il y
eut suspension d'armes, l'Archiduc
Ferdinand, qui ne pouvoit pas en être
prévenu, et qui avoit reçu l'ordre d'a-
vancer et d'observer les Bavarois restés
à Iglau, après le départ du Maréchal
Bernadotte, ce Prince, pour tenir en
échec le général Wrede, l'attaqua

avec quelques troupes de son corps, composé de débris, et l'occupa en le chassant d'Iglau.

L'Archiduc Charles, forcé à la retraite par la catastrophe inouie de l'armée d'Allemagne, après avoir mis à Caldiero l'armée française d'Italie hors d'état de lui nuire, arriva en Hongrie avec son armée toute conservée.

Les troupes autrichiennes se sont donc bien battues là où leurs chefs vouloient qu'elles combattissent, et ce serait porter un jugement bien faux et bien téméraire, que de vouloir imputer à elles les malheurs de la guerre de 1805. Ici, comme toujours, cette armée s'est distinguée par son courage, son dévouement, sa constance à supporter des privations inouies et son aveugle obéissance. C'est à Ulm que ces braves troupes, victimes de M. Mack, ont subi le sort déchirant qui a détruit l'armée d'Allemagne. Mais à

Ulm beaucoup de régimens, qui encore n'avoient pas tiré un coup de fusil, furent obligés de se rendre par suite des opérations et par ordre de ce général Mack, qui vouloit se faire enterrer dans Ulm, qui devoit mourir partout ailleurs, et qui ne mourut pas

FIN.